마켓 4.0 시대 끌리는 기업은
고객서비스가 다르다

마켓 4.0 시대 끌리는 기업은 고객서비스가 다르다

초판 1쇄 발행 2019년 1월 9일
초판 3쇄 발행 2023년 10월 24일

지은이 정원석

발행인 백유미 조영석
발행처 (주)라온아시아
주소 서울시 서초구 방배로180 스파크플러스 3F

등록 2016년 7월 5일 제 2016-000141호
전화 070-7600-8230 **팩스** 070-4754-2473

값 14,500원
ISBN 979-11-89089-55-9 (03320)

※ 라온북은 (주)라온아시아의 퍼스널 브랜딩 브랜드입니다.

MARKET 4.0

마켓 4.0 시대 끌리는 기업은 고객서비스가 다르다

정원석 지음

RAON BOOK

선택받아야 살아남는 시대

필자와 고객서비스의 인연은 2003년 콜센터 사업을 시작한 지인이 "함께 일해보자"고 제안한 일에서 시작되었다. 금융 회사 영업기획실과 정보기술(IT, Information Technology) 회사 기획팀에서 기획 업무를 담당했던 필자에게 고객서비스 분야는 생경했지만 이것도 새로운 '기획 업무'라는 생각에 과감히 도전했다.

이후 15년 동안 꼼짝없이 고객서비스와 함께하면서 콜센터 조직 운영 및 관련 시스템 구축과 개선, 그룹 VOC(Voice Of Customer: 고객의 소리) 운영 체계 구축과 분석, 고객서비스 정책, 고객만족 조사와 크고 작은 리스크 대응, 해외 콜센터 구축 지원과 컨설팅까지 다양한 업무를 경험했다. 현장의 고객 업무부터 고객 정책 운영은 물론 대형 리스크 대응까지의 업무 전반을 경험하면서, 고객서비스 분야는 책상 앞 기획 업무에 익숙해 있던 필자에게 머리보다 가슴이, 생각보다 발로 뛰는 것이 중요함을 알게 해주었다.

하지만 고객 관련 업무가 익숙해지고, 후배들에게 잔소리가 늘어갈수록 필자의 마음 한구석에는 이상하게도 허전함이 자리 잡게 되었다.

고객만족을 높이고 조직 목표를 달성하기 위해 다양한 일을 계획하고 추진했지만, 하면 할수록 지키기 어려워지는 '고객서비스의 정체성'과 내가 하는 일이 '어디를 향하고 있는지에 대한 의구심'도 함께 커가고 있었던 것이다. 전체를 조망하고 새로운 것을 만들어내는 기획 업무에 익숙했던 필자는 많은 사람들이 많은 노력을 경주하는데도 제자리를 맴도는 듯한 고객서비스 업무를 컨설턴트나 고객서비스 교육 전문가가 아닌 실무자 입장에서 정리해보고 싶었다.

지난 15년간 새로운 고객서비스를 기획해서 론칭하고, 불편해하는 고객의 소리를 해결하고, 고객 접점 조직을 통해 친절하고 신속한 서비스의 구현을 지상 과제로 노력하는 가운데 필자가 향해야 하는 최종 목적지는 언제나 '고객만족 1등'이었다. 그러나 경험이 쌓여갈수록 반드시 달성해야 한다고 생각했던 '고객만족 1등'이 실무자 입장에서는 얼마나 추상적이고 뜬구름 잡는 목표인지 깨닫게 되었다.

노스웨스턴대학교 켈로그경영대학원의 석좌교수이자 '마케팅의 아버지'로 불리는 필립 코틀러(Philip Kotler)는 《마켓 4.0》에서 시장의 주도권은 고객에게 넘어갔고 그 원동력은 연결성에 있다고 역설한다. 필자도 그간의 현장 경험을 바탕으로 디지털 시대에 연결성이 가지는 힘을 느꼈기에 그의 말에 공감한다.

인터넷과 모바일은 우리에게 많은 정보를 제공해주는 것을 넘어, 한 사람 한 사람이 콘텐츠를 생산해내는 정보 원천이 되는 세상을 열어주었다. 고객은 더 이상 기업이 주는 정보에 의존해 상품을 구매할 필요도 없고, 몇 번의 손가락 움직임만으로 먼저 사용 경험을 가진 사람들과 연결되어 원하는 정보를 얼마든지 얻을 수 있다.

기업도 상품 정보가 넘쳐나고 선택 범위가 넓어진 지금 상품 자체의 우수성이나 타 상품과 비교 우위만으로는 선택받기 어려워졌고, 비(非)대면 판매가 많아지면서 감성적 끌림은 더욱 중요해지고 있다. 하지만 고객이 느끼는 만족과 불만족은 고객의 이성과 감성 사이에서 규칙 없이 결정되고 있다. "고객은 왕"이라는 슬로건으로 맹목적인 서비스 만족을 추구할 때부터 "고객 감동을 넘어 고객 혼절"이라는 말로 서비스 만족 극대화를 지상 과제로 여기던 때에도 '고객 문제 해결'이라는 서비스 본질은 사라지고, 현장 접점 직원들에게 맹목적인 친절과 희생에 가까운 인내를 요구하고 있었다. 지금의 고객들은 더 현명해졌고, 근본적인 문제 해결 없이 무조건 친절한 서비스를 원하지도 않는다. 고객만족과 불만족은 어디까지나 고객 경험의 주관적인 결과물임에도, 지금까지 '친절하고 신속'하기만 하면 고객만족도가 높아지리라고 예상했던 무지는 버려야 한다.

고객만족을 외치는 기업은 차고 넘친다. 그러나 실제로 이에 만족하는 고객은 얼마나 될까? 기업이 외치는 고객만족은 기업이 고객 문제를 어떻게 해결해주는지를 경험한 고객의 감성적 결과일 뿐이기에 이제는 "고객만족 향상"이라는 문구에서 벗어나야 한다.

아날로그 시대를 즐기던 시절은 지났다. 급변하는 모바일 환경과 디지털 세상은 고객의 생활환경을 크게 바꾸었고, 앞으로 더 많은 변화를 경험하게 할 것이다. 고객의 생활환경이 바뀌는 지금이야말로 경영진과 실무자에게 고객서비스가 지향해야 하는 방향이 어디인지, 하나의 기능 조직인 고객서비스 조직이 현실적으로 기업 성장에 어떤 방법으로 기여할 수 있는지, 고객만족을 향상시키려는 노력이 구체적으로 무엇을 해야 하는지를 정리하고 실행할 때라고 생각한다.

많은 전문가들이 이제는 고객서비스에 관심을 집중할 것과 고객 경험을 관리할 것을 강조한다. 진부하지만, 결국 차별화된 색다르고 분명한 고객 경험이 필요하기 때문에 이제는 고객서비스를 적극 활용해야 한다고 생각한다.

지금까지 기업의 고객서비스 업무는 관점에 따라 작은 영역이기도 했고 영업/마케팅의 후순위 업무일 수도 있지만, 한발 물러나 전체를 조망해보면 차별화된 기업 경쟁력을 담당하는 한 축이었다는 것을 확신한다. 영업/마케팅 영역에 신규 고객 창출이라는 막중한 책임이 있다면, 고객서비스 부서는 한번 경험한 고객이 다시 선택하게 하는 '리텐션 마케팅(Retention Marketing: 기업 또는 단체가 기존에 확보한 고객들의 이탈률을 줄이기 위한 행위)'에 대한 중요한 책임이 있다.

이제는 자신 있게 이야기한다. "고객서비스는 기업의 미래 경쟁력이다"라고. 그리고 "고객이 겪을 경험 환경에 기업의 사활을 걸어야 한다"라고.

1장에서는 실무자 선에서 이루어지던 고객서비스에서 버려야 할 것은 무엇인지 서술했다. 그동안 우리가 지향해온 '고객 감동'을 향해 달리는 것이 무엇인지 살펴보고 고객서비스에서 정말 중요한 것이 무엇인지 필자의 생각을 논했다.

2장에서는 연결성으로 대표되는 마켓 4.0 시대에 갖추어야 할 고객서비스의 역할을 살펴보았다.

3장에서는 비용을 쓰는 부서로만 취급받았던 고객서비스 분야에서 기업의 이윤을 창출한 실례를 살펴보고, 기업에서 고객서비스가 갖는 의미가 무엇인지를 현장의 사례를 들어 생생하게 소개했다.

4장에서는 고객만족에 대한 관점과 고객센터가 변화해가는 방향을 이야기하고, 시장과 함께 가는 고객서비스 전략을 다루었다.

5장에서는 디지털화로 고객 생활환경이 바뀌는 시대에 고객이 필요로 하는 것이 무엇인지를 정확히 파악하고 이를 바탕으로 고객서비스의 관점을 세울 필요성을 지적했다. 더 나아가 기업이 고객서비스 분야에서 어떤 기준점을 삼고 나아가야 하는지 방향을 제시했다.

6장에서는 고객을 읽는 대표적인 방법을 소개했다. 고객의 요구를 읽고 이를 활용하여 고객서비스를 통한 선순환 구조를 만드는 방안도 더불어 살펴보았다.

7장에서는 경영진과 고객서비스 담당자들이 미래의 시장 변화에 맞추어 어떻게 변화해가야 하는가를 구체적으로 살펴보았다.

이 책을 쓰기까지 많은 분들의 도움이 있었다. 이 자리를 빌려 감사의 뜻을 전하고 싶다. 먼저 필자가 회사 생활을 하는 동안 부족하나마 솔선수범하여 일을 할 수 있도록 이끌어주신 이종진 부사장님과 직장 생활 내내 든든한 지원군이 되어주셨던 민병하 운영총괄님께 감사한 마음을 전한다. 두 분께는 길을 떠나게 된 후배가 되었다는 점에서 늘 죄송한 마음이 크다. 그간 부족한 필자와 함께하며 마음으로 몸으로 고생하며 고객서비스 부서를 지켜온 동료, 선후배 분들께도 감사의 마음을 전한다. 특히 이 책을 쓰는 데 마음과 시간을 함께하며 응원을 아끼지 않은 KMAC의 홍성원 위원과 CJTX의 윤보경 과장에게 감사한 마음을 전한다. 그리고 집필을 시작할 수 있는 용기와 지원을 아끼지 않으신 라온북 조영석 사장님께도 감사한 마음 전한다. 마지막으로 언제나 내 곁을 지켜주는 아내 김금담과 아들 정진우에게 사랑의 마음을 전한다.

2018년 가을과 겨울의 만남 사이에 집필을 마치며

| 목 차 |

3장 고객서비스를 새롭게 정의하라

4장 전략적 고객서비스로 시장을 선점하라

5장 고객서비스에 목숨 건 기업이 살아남는다

6장 고객서비스로 기업의 가치 사슬을 혁신하라

7장 차세대 고객서비스로 고객의 경험을 디자인하라

1장

고객 감동의 허상을 버려라

당신이 아는 고객서비스는 잊어라

상담과 불만을 접수하는 부서가 아니다

80:1의 엄청난 경쟁률을 뚫고 입사한 신입 사원이 있었다. 그는 입사 면접 당시 고객 관련 업무에 강한 의지를 나타내며 개인적인 비전을 피력했고 지원자 가운데 가장 열성적인 태도를 보여 필자가 좋은 점수를 주었는데, 다행히 임원 면접도 무사히 통과하여 결국 우리 고객서비스팀의 식구가 되었다.

필자가 근무했던 유통업에서 신입 사원들은 보통 영업이나 마케팅 같은 직무를 선호하는 편이라 아쉽게도 고객서비스 직무의 경쟁률은 그다지 높지 않았다. 최근 지속되어온 청년 구직난의 영향이 컸음을 감안한다 해도 고객서비스 직무에서 80:1이라는 경쟁률은 파격적인 수치가 아닐 수 없었다. 경쟁률이 높은 만큼 우수한 인재들이 모일 확률도 높아지니, 지원자들은 합격에 어려움을 겪을지라도 식구를 뽑는 필자에게는 즐거운 상황이었다. 어려운 문을 통과하고 직무 배치가 된 신입 사원은 몇 달이 지난 뒤 회사생활이 어떤지 묻는 필자에게 이렇게 대답했다.

"입사 전에 생각했던 고객서비스 업무와 실제 경험하는 업무가 많이 달라서 놀랐습니다. 또 업무 범위가 이렇게 넓을 줄은 생각지도 못했습니다."

"그래요? 면접 때 답변을 보면 고객서비스 관련 공부를 많이 한 것 같던데, 그렇게 차이가 나던가요?"

"예. 사실 저는 고객서비스 부서가 새로운 서비스를 기획해서 론칭하고, 고객상담이나 불만 처리 같은 업무를 하는 곳이라고 생각했습니다. 이런 종류의 고객서비스로 고객만족을 추진하는 업무라고 말입니다. 짧은 기간이지만 선배님들이 하는 일을 보니 그게 다가 아니었습니다. 전산 시스템 개발에 참여하고 고객센터 조직의 서비스 품질 관리와 자동 응답 시스템(ARS) 운영과 통신비 관리, 주문·상담 시스템 개선, 소비자 단체 커뮤니케이션, 각종 고객 관련 조사 업무 등 밖에서 생각했던 것보다 훨씬 다양한 일들을 하는 부서임을 알게 되었습니다."

필자도 고객서비스(Customer Service) 또는 고객만족(Customer Satisfaction)이라고 하면 '친절', '애프터서비스', '상담', '불만 접수'를 먼저 떠올리던 때가 있었으니 이제 갓 배치된 신입 사원 입장에서는 당연한 답변일 수 있겠다 싶었다. 그러면서 필자 스스로도 고객만족과 고객서비스에 대해 한번 정리해볼 필요성을 느끼게 되었다. 사회 전반이 지금도 많은 변화를 맞이하고 있는데 우리 고객서비스는 어디로 가야 하는지에 대한 방향 정리가 필요했다.

'고객은 왕'이라는 신화

우리는 고객서비스를 통해 최고의 '고객만족'을 이끌어내려 많은 활동을 한다. 그렇다면 고객서비스가 지향하는 '고객만족'은 어떻게 형성되는지를 먼저 살펴보아야 한다. '고객만족'은 사람의 '기대 불일치 이론'에서 비롯된다. '기대 불일치 이론'이란 방문객의 기대와 성과 사이의 불일치에 따라 만족이나 불만족이 발생한다는 이론이다. 성과가 기대보다 높으면 긍정적인 불일치에 따라 만족이 나타나고, 반대로 낮으면 부정적인 불일치에 따라 불만이 나타난다고 본다.

이해를 돕기 위해 이 '기대 불일치'를 상품 구매 과정으로 설명해보자. 사람은 자신에게 필요한 상품에 대해 일정한 '기대'를 가지고 비용을 지불하는데, 상품 구매 전 가지고 있던 기대 수준이 상품 구매 뒤 만족도와 일치하는 정도가 만족이나 불만족으로 형성되는 것이다. 그리고 개인의 경험과 감정을 주변 사람에게 전달하는 과정에서 평판이나 평가가 형성되면서 타인의 구매 결정에도 영향을 주게 된다. 현장 경험이 많은 한 전문가는 이를 '고객만족=품질-가격'이라는 공식으로 정의했는데, 이는 기대 품질 대비 가격이 저렴하거나 기대 가격에 비해 품질이 좋은 상품일 경우에 고객만족도가 높아진다는 뜻이다.

하지만 현실적으로 가격 정책은 고객서비스 분야에서 다루기는 쉽지 않은 항목이고, 기대 품질도 사람에 따라 매우 주관적으로 적용되는 사항이라 정답을 말하기 어렵다.

사정이 이렇다 보니 고객만족 이론은 이론일 뿐이고 현실에서는 교육 훈련 효과가 높고 관리도 용이하며 고객 체감도가 빠른 고객 접점 영역 개선에 집중하고 있다. 즉 '상냥하고 친절하고 빠른 응대 서비스'가 모든 것인 양 고객만족을 이루는 주요 방편이 된 것이다. 결과적으로 고객만족을 위한 서비스는 곧 '친절'이고 '고객은 왕'이라는 신화가 자리 잡게 되었지만, 이는 오래지 않아 서비스 종사자에게 요구되는 과도한 감정노동과 일부 고객의 '갑질' 명분에 일조하면서 사회 문제로 부각되기도 했다.

디지털 시대에 들어선 지금 무한 친절을 베풀며 고객을 최고로 대우하기만 하면 고객만족은 다 이루어지는 것일까? 사회는 급변하고 있다. 그에 따라 고객의 요구와 만족도 매우 빠르고 다양하게 변해가고 있는 중이다. 우리의 고객서비스는 지금 어디에 와 있는 것일까?

문제는 소통이다

일본의 대표적인 자동차 회사 토요타는 2009년 가속페달 문제를 시작으로 결함 부위가 점차 늘어나면서 2010년까지 대규모 리콜 사태를 겪었다. 사건 초기에 토요타는 지속적으로 부품 불량에 따른 문제를 제기하는 고객들의 요구를 무시하며 버티다가 결국 전 세계 고객에게 사죄하고 사상 최대 규모의 리콜을 감행하면서 큰 경영 위기를 겪었다.

토요타의 이 같은 대응 방식을 계기로 업계에서는 고객과 기업 간 소통의 중요성이 화두로 떠올랐고, 이를 계기로 고객의 소리라는 뜻의 'VOC' 관리가 현재까지 큰 의미를 띠고 운영되고 있다.

시장의 환경 변화는 상담과 불만 처리 등 접점 운영에 집중되던

토요타는 고객의 소통 요구를 무시하다가 대규모 리콜 사태를 겪고 신뢰성에 큰 타격을 입었다.

고객서비스 업무에 점차 확장성과 다양성을 요구하게 되었다. 단순한 불만 처리 업무에서 온·오프라인 서비스 품질 관리, 자동 응답 시스템이나 인터넷 주문 시스템과 프로세스 관리, VOC 관리/분석/피드백 및 고객 커뮤니케이션까지 고객서비스 담당 직원들의 업무도 전 방위적으로 확장되었다.

여기에 그치지 않고 디지털 기반으로 바뀐 고객 환경은 고객서비스 담당자에게 요구되는 역량도 확연히 바꾸도록 요구하고 있다. 과거 고객서비스 담당자에게 고객 조사나 불만 처리, 또는 고객 접점 관리 등 운영 역량이 중요했다면, 지금은 고객서비스 지식 못지않은 정보기술(IT) 관련 지식 등 핵심 운영 역량이 요구되는 실정이다(이는 코딩이나 개발 영역과는 다른 IT 트렌드에 대한 이해와 활용 기술을 의미한다).

IT에 기반한 모바일 통신의 저변 확대는 고객 개개인의 손에 쇼핑센터를 쥐여주는 효과를 가져와 고객 생활환경을 크게 변화시켰다. 또 방대한 양의 정보 창고를 부여했으며 어려움에 처했을 때 도움을 청할 수 있는 수많은 네트워크를 만들어주었다.

그러나 지금까지 변화는 그나마 감당 가능한 생활환경의 변화 수준이었다. 더 중요한 변화는 유통 환경과 세대를 넘어선 고객 인식이 근본부터 바뀌는 데 있다.

고객은 이제 소셜 네트워크 서비스(SNS)라는 강력한 네트워킹 환경 속에서 이전보다 더 냉정해지고 더 개인화되었으며 주장은 더 명확해졌고, 명분보다는 합리, 특혜보다는 평등한 대우를 요구하고 있다. 또 우리보다는 개인의 행복을 추구하며 물질보다는 심리적 만족을 우선시한다. 미래가 아닌 현재를 즐기며, 남들을 기준으로 삼지 않고 나만의 행복을 찾아나가고, 화려함보다 소박한 가치를 중시하는 등 이전과는 확연히 달라진 변화를 보여준다. 인구통계학적으로 분류되던 연령대별, 남녀별 특성 구분도 점차 모호해지고 있다.

개인이 곧 대중이 되는 네트워크 세상

일찍이 이런 변화를 감지한 기업들은 '고객은 왕'을 외치며 인적자원에 기반한 서비스에 집중하던 서비스 방식에서 IT & 네트워킹 기반 서비스로 인프라 자체를 바꾸어가고 있다. 그리고 최종 방향인 자동화, 무인화를 향하고 있다.

예컨대 10여 년 전만 해도 강성 고객을 상대할 때는 보통 문제를 제기한 당사자만 적절히 대응하여 마무리하면 되었다. 그리고 문제를 제기하지 않은 고객은 별도 관리를 하지 않는 경우가 대부분이었다.

하지만 지금의 고객들은 기업에 불만을 표현하기 이전에도 수시로 대중과 이슈를 공유하고 의견을 물으며 기업의 상담 처리 과정을 중계하듯 공개하는 사례가 다반사로 벌어진다.

기업 입장에서는 1:1 대응에서 1:N을 상대해야 하는 상황이 되었고, 이슈 전파 속도는 관리 불가능할 정도로 빠르기 때문에 작은 문제에도 바짝 긴장해야 하는 현실에 놓인 셈이다.

지금까지 필자가 경험했던 시장과 기업의 서비스는 항상 사람 중심의 서비스가 자리를 잡고 있었다. 그래서 변화의 속도는 사람이 적응하는 기간만큼 여유를 가질 수 있었다. 하지만 현재 펼쳐지고 있는 디지털 환경으로의 변화는 멀지않은 시간 내에 기업의 고객서비스 영역을 그들의 의지와 상관없이 무장해제할지도 모르겠다는 두려움이 든다.

반면 변하지 않는 부분은 고객서비스가 기업의 가치 사슬(Value Chain: 하버드대학교 마이클 포터Michael E. Porter 교수가 개발하고 발전시킨 개념으로 고객에게 가치를 주는 기업의 활동과, 이 활동을 가능케 하는 생산 과정이 밀접하게 연결돼 고객의 욕구를 충족시키는 전체 과정을 말한다)을 근간으로 표현되는 고객 커뮤니케이션의 결과라는 것이다. 예컨대 고객이 접하는 고객센터만 변해서는 고객 체험 환경은 바뀌지 않는다. 기업이 가진 기능의 구조적 변화가 근간이 되어야만 체감되는 고객만족도가 달라질 수 있기 때문이다. 결국 고객서비스 실무자는 너무 고객만을 강조하면 기업 내부에서 실천하기가 어렵고, 기업 입장에서만 업무를 추진하면 고객은 떠난다는 현실적인 어려움에 맞닥뜨릴 수밖에 없게 된다.

영업 마케팅은 고객이 기업(브랜드)과 상품에 관심을 가지도록 하여 매출로 연결시키는 '신규 고객 창출'의 역할을 맡았고, 고객서비스는 이를 지원하는 고객(주문) 상담과 불만 처리 중심의 역할을 맡으며 영역을 분리해왔다.

하지만 디지털화로 고객의 생활환경이 바뀌면서 고객서비스 분야는 상품과 서비스를 획득하고 활용하는 전 과정의 고객 경험을 디자인하고 고객과 커뮤니케이션할 수 있는 역량이 필요해 졌다. 한번 찾아왔던 고객이 다시 찾을 수 있도록 하는 '고객 경험 설계자'로서 활동 영역을 확장해야 하는 것이다. 고객 경험은 상품 탐색과 주문 후 사용으로만 끝나지 않고, 상담과 불만 처리, 사후 감성 관리까지를 포괄해야 하기 때문이다. 또한 VOC나 고객만족도는 평판의 형태로 다른 고객에게 영향을 주기 때문에 전파력이 큰 디지털 환경에서의 고객서비스는 기업 조직 기능의 끝단이 아닌 앞단에서 시작하는 것이 효과적이다.

지금까지의 고객서비스 개념과 업무로는 디지털 환경의 고객을 상대하는 데 분명한 한계가 있고, 사회와 고객 인식이 근본적으로 바뀌는 시점에서 고객서비스가 기업 내 후단 업무 역할로만 그친다면 고객과의 호흡은 물론이고 본연의 역할도 미약해질 것이다.

이것이 고객서비스를 다시 조망하고 이를 기업 경쟁력의 한 축으로서 극한까지 활용해야 하는 이유이고, 고객서비스 담당자들이 기존의 고객서비스 개념과 영역을 철저히 버려야 하는 이유이다. 고객 환경과 고객 인식이 바뀌더라도 다양한 고객서비스 활동이 궁극적으로 지향하는 바는 고객 가치와 기업 가치의 균형 잡힌 향상이고, 고객에게는 지불 비용 대비 높은 품질 만족을, 기업에게는 매출과 이윤 증대에 기여하는 선순환 구조를 만드는 것이 되어야 한다.

고객 감동은
시스템에서 나온다

희생과 인내는 솔루션이 아니다

최근 몇 년간 서비스 직무 종사자들의 열악한 근무 환경과 일부 고객들의 도를 넘는 '갑질', 언어폭력이 이슈가 되면서 '감정노동자'라는 용어가 널리 알려지게 되었다. 언론 매체와 SNS를 통해 서비스 직무의 실상이 알려지고 이것이 일반 시민의 공감을 얻으면서, 속도는 더디지만 서비스업에 대한 사회적 분위기가 바뀌는 계기가 되었다. 덕분에 '고객만족'을 위해서는 어떠한 노력도 아끼지 말라는 의미의 "고객은 왕이다", "고객은 무조건 옳다"와 같은 고리타분한 말은 이제 듣기 어려워졌다.

하지만 안타깝게도, "고객이 감동해서 쓰러질 때까지", "고객이 생각하지 못한 서비스를", "고객 니즈(Needs)를 넘어 원츠(Wants)

를", "고객 마음을 먼저 읽고, 한발 먼저"와 같이 고객 감동을 모티브로 하는 모토(Moto)는 표현만 약간 바뀐 채 끊임없이 만들어져 퍼지고 있다.

이런 모토의 공통점은 들을 때는 고개를 끄덕이며 공감을 표하게 되지만, 뒤돌아 내 자리로 오면 '잘 해보자'라는 마음의 다짐 말고는 특별한 솔루션(Solution)이 부족하다는 것이다. 최근에 나온 서비스 교육 자료들에도 이런 흐름의 변화를 읽을 수 있지만, 제시하는 행동 솔루션은 이전의 친절 교육 내용과 크게 다르지 않아 보인다.

고객들을 대하는 현장 직원에게 '고객만족 책임'을 강조하고 서비스 교육 훈련으로 '고객만족'을 이끌어내려는 구호들의 이면에는, 안타깝지만 여전히 '서비스 종사자의 희생과 인내'를 요구하는 내용들이 가득 채워져 있다. 고객 의도를 빠르게 읽고 순간순간 대응해야 하는 현장 직원들에게 교육과 훈련은 아주 중요하다. 하지만 이러한 교육 훈련이 서비스 교육과 컨설팅 업계에서 서비스 업종을 대상으로 하는 또 하나의 마케팅이 되어서는 안 된다.

기업이 고객에게 제공할 수 감동은 무엇이고 그 방향은 어디인지, 고객에게 할 수 있는 상한선은 어디까지이고 얼마나 많은 고객을 대상으로 감동을 줄 것인지에 대한 실천적인 이야기를 할 수는 없는 것일까? 아니면 고객 감동은 끝이 없기 때문에 끝없는 노력만이 필요한 것일까?

필자는 "고객 감동"이라는 슬로건의 출발점은 시장 내 경쟁에서 우위를 확보하기 위한 방편에서 비롯되었다고 생각한다. 경쟁 없이 독점적으로 팔리는 상품이거나 서비스라면 굳이 고객 감동에 크게 신경 쓸 이유가 없을 것이다. 반면, 경쟁 상대가 있고 내가 선택받아야 하는 현실에서는 감동이라는 감성적 접근이 반드시 필요하다.

시장의 서비스 수준은 괄목할 발전을 이루었고 의식 수준이 높아진 고객에게 '만족'은 당연한 것이기에 조금이라도 부족함이 느껴지면 고객은 말없이 떠나버린다. 그러니 차별화 이미지로 끊임없이 고객 선택을 받아야 하는 기업에게 고객 감동은 반드시 필요한 목표였다. 하지만 필자 경험상 '기본적 니즈 충족 + α'로 달성 가능한 고객만족과는 달리 고객 감동은 좀 더 복잡한 요소가 필요했다.

여기서 고객 감동이 어떻게 이루어지는지 사례를 통해 알아보자.

[사례 1] 한국의 호텔 직원에게 감동받은 일본인 손님(2003. 05. 21. 네이버 지식인)

한국에 출장을 왔던 일본인 A는 업무를 마치고 귀국을 준비하고 있었다. A는 호텔 데스크의 도움으로 귀국할 항공편 예약을 마쳤고, 체크아웃 후 택시를 이용해 공항으로 출발했다. A가 떠난 후 객실 청소를 하던 호텔 직원은 방에서 손님의 여권을 발견했다. 여권은 급히 호텔 데스크로 전달되었고, A의 요청으로 택시 호출을 했던 호텔 직원은 급하게 택시기사에게 전화했지만 연결이 되지 않았다. 본인이 항공권 부킹 서비스를 해주었던 호텔 직원은 항공 시간이 임박함을 알고 있었기에 마음이 급해졌다. 비즈니스 출장이라 비행기를 놓치면 고객의 손실이 클 것이라는 데 생각이 미치자 급히 택시를 타고 공항으로 출발했다. 다행히 공항에서 A를 만나 무사히 여권을 전달할 수 있었다. A는 감사한 마음에 호텔 직원이 타고 온 택시비를 지불하려 했지만 호텔 직원은 사양하고 사비로 충당(20만 원)했다. 안전하게 귀국한 일본 손님은 후에 고맙다는 편지와 그가 살고 있는 지방 토속품을 선물로 보내왔고, 그 인연은 계속 이어져 서로 안부를 묻고 있다.

[사례 2] 고객님, 잠깐만요

필자 지인의 아들 C의 이야기이다. C는 미국 유학 중이었는데 집안 행사가 있어 귀국 항공권을 예매해놓은 상태였다. 그런데 갑자기 미국 내 일정에 변동이 생겼다. 집안 행사는 꼭 참석해야 하는 것이라 상황이 난감했다. 결국 출발 일정을 조정할 수밖에 없어서 금전적 손해를 보더라도 일정만 맞출 수 있다면 좋겠다는 바람으로 항공사 콜센터에 연락했다. 간단한 상황 설명과 출발 티켓 조정을 요청했고, 상담 직원은 고객의 상황을 재확인한 후 전산을 조회하여 원하는 대로 티켓 일정을 조정해주었다. 하지만 예상대로 추가 비용의 발생은 피할 수 없었다. C는 그나마 일정을 맞출 수 있어 다행이라 생각하고, 추가 비용도 본인 사유로 발생했기에 아쉽지만 감수하고 전화를 끊으려 했다.

그때였다.

"고객님, 잠깐만요. 원하시는 티켓은 일단 확보해서 다행입니다. 혹시 제가 비용이 좀 덜 드는 항공권을 찾아드리고 싶은데 시간 괜찮으신가요?"

금전적 부담에 대해 아쉬움이 있었던 C는 순간 놀란 감정을 숨기고, 그렇게 해달라고 했다. 몇 분의 시간이 지나고 항공사 상담 직원은 "고객님, 한 번 갈아타긴 하지만 일정에 영향을 주지 않고 추가 비용이 발생하지 않는 항공권을 찾았는데 이것으로 바꾸어 드릴까요?"라고 물어왔다. C는 본인이 원했던 티켓 조정이 완료된 것만으로도 안도했다가 기대하지 않았던 비용도 아끼게 되어 매우 흡족해했다. C로부터 이 일을 전해 들은 지인은 주변 사람들에게 이 경험을 이야기하며 해당 항공사의 일처리에 "감동했다"라는 표현을 아끼지 않았다.

지속 가능한 고객 감동 서비스를 원한다면

위의 두 사례는 모두 고객이 감동했다는 공통점이 있고, '고객 문제의 해결'을 기본으로 깔고 있다. 두 고객은 어려운 상황을 겪게 되었고 그 결과는 자칫 고객이 감수해야 하는 피해로 나타날 수 있었다. 그런데 두 사례의 직원은 모두 '고객 문제'를 훌륭하게 해결해주었고 고객은 감동을 받았다. 여기에 친절하고 성실한 고객 대응은 기본이었다.

또 하나는 이슈의 원인이 '고객 귀책'이라는 점이다. 고객이 감동받는 경우는 고객에게 그 원인이 있고, 고객이 기대하지 못한 영역에서 누군가의 해결 노력이 있으며, 결과적으로 고객 문제가 잘 해결되었을 경우이다. 만일 문제의 원인이 고객이 아닌 기업 때문에 발생한다면 고객은 문제가 해결되어도 그다지 감동하지 않는다. 고객 입장에서는 당연히 해결되어야 할 문제가 해결된 것일 뿐 오히려 불편한 기억으로 남지 않으면 다행이다.

두 사례 모두 고객 귀책, 기대하지 않았던 니즈, 담당자의 열성적인 노력과 좋은 결과가 있었다. 이런 조건이 충족되지 않으면 고객만족을 넘어선 '고객 감동'은 성립되지 않는다.

그런데 이 사례에서 필자가 이야기하고 싶은 것은 '처리 환경이 다르다'는 점이다. 눈치 빠른 독자들은 필자가 여기서 무슨 말을 꺼낼지 짐작할 수 있을 것이다. 첫 번째 사례는 문제가 생긴 고객과 훌륭한 성품을 가진 직원 간의 스토리이다. 어려움에 처한 고객은 우연히 성품이 좋은 직원에게 여권이 넘어가고 때마침 그 직원이 고객 상황을 잘 알고 있어서 대처가 빠를 수 있었다. 만일 그 시간에 근무 교대를 하고 고객 상황을 모르는 직원이 여권을 넘겨

받았어도 이런 처리가 가능할지는 의문이다. 더구나 훌륭한 그 호텔 직원은 공항까지의 택시비를 사비로 충당하기까지 했으니 말이다.

하지만 두 번째 사례는 다르다. 상담 직원은 고객의 문제 해결을 위해 절차상으로 충분히 훈련된 모습이고, 문제 해결을 위한 인프라도 잘 지원되는 상황이다. 여기에 친절성을 더해 고객의 문제를 잘 해결해주었다.

정리하면, 사례 1은 한 고객과 성품 좋은 직원 개인 간의 우연한 고객 감동 사례로, 호텔 서비스를 대표한다고 보기는 어렵다. 사례 2는 시스템에 기반을 둔 고객 감동 사례로, 고객과 기업 시스템 간의 감동 사례에 해당한다. 사례 1은 상황에 따라 발생 가능한 일이라 호텔을 대표하는 유사 서비스의 지속성을 담보하기 어렵지만 사례 2는 담당 직원이 바뀌어도 얼마든지 유사 감동 사례가 나타날 수 있는 구조이다.

많은 기업이 고객 감동을 향해 노력하지만, 그 속을 들여다보면 구조적이고 지속 가능한 고객 감동 체계를 갖추기보다는 현장 담당자들의 개별 역량을 기대하는 경향이 강하다. 그렇다 보니 문제가 발생하면 시스템 보완에 앞서 개별적 처벌을 먼저 검토하곤 한다. 이것은 엄연히 잘못된 구조이다.

'고객 감동'을 추구하지 말자는 이야기가 아니다. '고객 감동'은 여전히, 매우 중요하다. 다만 기업들이 고객 감동을 추구한다면

서비스를 전담하는 현장 직원들에 대한 교육 프로세스를 정비하고 시스템적 지원을 충분히 마련해야 한다고 강조하고 싶다. 그래야만 우리가 추구하는 고객 감동의 적중률이 더 높아질 수 있고 감동하는 고객 범위도 넓어질 것이다. 고객 감동이라는 실체적 요소를 정의하지 못한 채 그 자체를 목표로 노력하는 것은, 고객에게는 기대치만 높이고 실무자들에게는 실천 방안 없는 정신 무장용 표어에 에너지를 낭비하게 할 뿐이다.

직원들은 고객의 목소리를 좋아하지 않는다

가장 무서운 것은 무관심이다

2017년 정부가 바뀌고 나서 눈에 띄는 제도가 하나 생겼다. 바로 청와대의 '국민청원 및 제안' 제도이다. 국민들과 소통을 목적으로 청와대가 운영하는 이 창구는 청원된 주제가 한 달 이내에 20만 명 이상 국민 동의를 확보하면 정부 담당자가 직접 답변을 해준다.

이는 기업에서 고객과의 소통을 목적으로 운영하고 있는 '고객의 소리(VOC)' 시스템과 유사한데, 기업의 VOC 운영이 리스크 관리나 고객 불만을 개선하는 데 중점을 둔다면 국민청원 및 제안 제도는 국민적 관심사가 큰 사안을 중심으로 검토한 뒤 해결하는 데 중점을 둔다는 차이점이 있다.

청와대의 '국민청원 및 제안' 제도는 기업의 '고객의 소리(VOC)' 시스템과 유사하다.

필자는 다양한 업종의 VOC 운영 체계를 구축하고 운영한 경험이 있어 청와대의 소통 제도가 남다르게 다가왔다. 이 청원 제도를 듣고 처음 든 생각은 '취지는 참 좋은데, 실무 부서 담당자들 머리가 좀 아프겠구나' 하는 것과 '과연 어느 정도까지 처리가 가능할까? 긍정적인 부분만큼 부정적인 면도 많을 텐데' 하는 것이었다. 동병상련이 이런 것인가 싶었다.

SNS 세상에서 가장 무서운 일은 바로 '무플'이라고 한다. 말 그대로 자신이 올린 사진이나 의견에 '아무런 반응이나 관심'을 받지 못하는 것이다. 이는 기업에도 그대로 적용된다. 기업 입장에서도 가장 무서운 일은 고객의 '무관심'이기 때문이다. 대부분의 고객은 기업을 향해 개선점이나 불만 사항을 일일이 말하지 않는다. 싫으면 조용히 떠나고, 본인의 불편한 경험은 SNS에 공유하거나 입소문으로 주변에 알리면 그만이다. 그래서 불만이라도 표현해주는 고객을 우리는 고마운 고객이라 생각하고 'VOC는 고객이 주는 최고의 선물'이라고도 한다. 이런 여러 가지 이유에서 고객 소통 채널 확보와 운영 관리는 매우 중요하다. 이론적으로는 그렇다.

그렇다면 경영진이 강조하는 'VOC'는 직원들에게도 '고객이 주는 최고의 선물'일까?

조심스럽긴 하지만 VOC라는 명목의 피드백을 좋아하고 감사해하는 기업의 실무 담당자는 거의 없다 해도 과언이 아닐 것이다. 얼굴도 모르는 국민청원 및 제안 제도 운영자가 필자에게 남 같지 않은 이유이다.

'참을 인(忍)'으로 버틴 두 시간의 교훈

오래전 필자가 지인이 창업한 콜센터에서 일할 때였다. 센터의 슈퍼바이저가 급하게 스텝 사무실로 뛰어오더니 울상이 된 얼굴로 필자를 향해 "고객 전화를 받아 달라"고 부탁해왔다. 상담 직원과 고객 간에 언쟁이 생겼는데 고객이 "너 말고 높은 사람 바꿔!"라고 했다는 것이다. 하필 그때 모두 외근을 나가서 사무실에서 유일한 간부는 필자뿐이었고, 울먹이는 슈퍼바이저를 보고도 나 몰라라 할 수는 없는 상황이었다.

간단하게 상황 파악을 하고 콜센터로 이동해보니 한쪽에는 상담 직원 한 명이 울고 있고, 그의 자리에는 전화 헤드셋만 덩그러니 놓여 있었다. 필자는 깊게 심호흡을 한 번 하고 헤드셋을 착용했다. 정중한 인사와 함께 조심스레 어떤 문제가 있는지를 고객에게 물었다.

첫마디부터 “XXX야!”로 시작한 통화는 두 시간 정도 이어졌고, 대화 중 조사만 빼고 모두 욕으로 시작해서 욕으로 끝나는 고객의 호통에 정신이 나갈 지경이었다. 상대 고객은 치과의원 원장이었고, 어떤 이슈로 인해 모 그룹사와 소송 중인 상황이라 했다. 그런데 같은 계열 회사에서 전화 보험 권유로 귀찮게 해 화가 났다는 것이 주요 내용이었다. 차분히 정리해보니 고객은 처음부터 화가 난 것은 아니었고, 점잖게 통화를 거절했는데, 상담 직원이 한 건이라도 실적을 올려보려는 마음에 통화를 계속 이어가려던 것이 화근이었다. 상담 직원에게 화를 내면서 일단 전화를 끊었던 고객은 치밀어 오르는 화를 주체하지 못해 고객센터로 다시 전화를 한 것이었다.

필자는 마음속에 참을 인(忍)을 수없이 새기며 고객의 말에 맞장구쳐 가면서 두 시간 동안 고객의 분노를 감내해야 했다. 한참을 열 올리던 고객은 스스로도 지쳤는지 직원 교육 똑바로 시키고 내일 다시 전화 하라는 말을 남기고 통화를 끝냈다. 당시 상담 직원이 얼마나 마음의 상처를 입었을지 지금 생각해도 안타깝다. 물론 고객이 화난 이유도 충분히 이해할 수 있었지만 필자도 마음이 편치는 않았다. 이 일이 필자가 현장 경험 초반에 겪었던, ‘고객의 소리'로 우아하게 접했던 고객 설문조사와는 차원이 달라도 한참은 달랐던 생생한 실전 VOC였다. 고객의 불만과 짜증, 협박과 쌍욕이 융합된 현장의 실전은 매우 강력했다. 이때 일을 계기로 필자는 고객 접촉 방법에서 개선할 부분을 찾고 상담 직원을 보호할 수 있는 프로그램을 고민할 수 있었다. 그러나 당시의 고객 VOC는 지금 생각해도 여전히 불편한 기억으로 남아 있다.

이후 대형 콜센터 운영과 본사의 고객서비스 기획 및 운영을 담당하면서 주로 접하는 VOC는 대개 불만성 요청 사항이나 다량으로 들어오는 이슈 중심의 고객 불만이었다. 그렇다 보니 실무자로서는 'VOC=고객 불만'이라는 이미지가 형성되는 것도 무리는 아니었다. 고객의 불만을 해결하기 위해 뛰어다니는 것은 때로 큰 보람을 안겨준다. 하지만 정답을 찾기 어렵고 매번 반복되는 VOC 내용들은 고객서비스 직무가 조직과 고객에 대한 사명감 없이는 불가능한 직무임을 깨닫게 해주었다. VOC를 총괄하는 담당 간부가 이 정도인데 여기서 피드백을 받아 문제점을 개선해야 하는 타 부서 직원들의 감정은 어떠했을지 충분히 공감할 수 있었다. 그들은 필자와 같은 직접적인 고객 대응 경험은 없지만 고객의 작은 불만이 본인 업무에 큰 영향을 미칠 때는 또 다른 의미에서 짜증과 스트레스를 받고 있었다.

그렇다고는 해도 고객서비스를 담당하는 입장에서 VOC는 접수되는 족족 해결해야만 하는 지상 과제가 된다. 접수된 VOC를 해결하고 재발 방지를 위해서는 본의 아니게 타 부서 담당자들과 옥신각신해야 하는 경우도 다반사이다. 고객서비스팀에게 VOC는 업무의 큰 부분이지만 영업, 전산, 마케팅 등 타 부서는 각자 업무에 맞는 목표와 해야 할 일이 산적해 있기에 '고객 최우선'이라는 명분으로 즉시 업무 개선을 강조하는 VOC가 곱게 느껴질 리도 없다. 그러나 VOC를 전반적으로 들여다보면 불만만 있는 것은 아니다. 필자도 오랜 시간이 지나고서야 이를 깨닫고 VOC를 제대로 활용할 수 있었다.

고객의 소리는 밀가루 반죽이다

필자는 VOC를 크게 네 가지로 분류한다. '칭찬, 제안, 불만, 리스크' VOC가 그것이다. 이 네 가지 분류에 따라 조직 피드백 방법을 달리하는데, 예를 들면 칭찬 VOC는 전사(全社) 조직장 회의에 공식적으로 공유하여 팀이나 담당자를 칭찬하고, 불만 VOC는 실무팀에 전달한 후 개선 진척도에 따라 스스로 상부에 보고되도록 관리한다. 칭찬은 크게 하고 개선은 담당자 손에서 직접 하도록 유도하는 것이다. 그리고 언론 보도나 상해 사고 등 기업 이미지에 영향이 큰 리스크 VOC는 접수 즉시 의사 결정권자에게 보고해 대응할 수 있는 체계를 만들고 운영하는 것이 중요하다.

'고객의 소리'가 기업 내부에 잘 전파되고 반영되게 하려면,

'VOC는 곧 불만'이라는 실무 직원들의 고정관념을 바꿔주어야 한다. 그래야만 같은 일이라도 좀 더 편하게 수행할 수 있다. 고객의 소리인 VOC 안에는 고객의 불만 사항뿐 아니라 더욱 강력히 유지해야 하는 칭찬거리도, 상품과 서비스를 경쟁력 있게 만들어줄 제안도 같이 들어 있다. 고객의 결핍을 호소하는 불만의 소리와 기업의 존망을 가르는 리스크가 동일한 VOC 안에 같이 들어 있음을 명심해야 한다.

고객서비스 담당 부서는 한쪽으로 치우친 VOC 관리를 버리고 전체를 취하는 데 많은 노력을 기울여야 한다. 내부 직원들이 먼저 VOC를 잘 이해하고 여기에 친근해져야만 제대로 된 개선이 이루어진다. 필자는 가끔 VOC를 밀가루 반죽과 같다고 생각한다. 이 반죽으로 빵을 만들지 면을 만들지 만두를 만들지는 고객서비스 담당자들의 역할이다. 이때 담당 직원들이 좋아하는 음식으로 만들어 소통하면 고객도 기업도 모두 성장할 수 있다. 그리고 고객을 위해 일하는 고객서비스 부서에게는 다른 팀 직원들이 또 다른 고객임을 명심해야 한다.

고객서비스는 최고경영자의 철학이다

최고경영자가 주도해야 한다

대표이사가 새로 부임하여 리더 대면이 있던 날, 신임 대표는 각 팀장들에게 다양한 질문을 던지며 대화를 시작했다. 약간은 긴장한 마음으로 앉아 있던 필자 차례가 되자 대표이사는 웃음을 지으며 "고객서비스가 무엇이라 생각하는가?"라고 물었다. 고객 업무에서 15년을 보냈지만 이런 질문은 언제나 대답하기 참 곤란한 주제이지만 나는 이렇게 대답했다.

"최고경영자의 철학입니다."

고객서비스 리더로서 뭔가 전략적인 분위기의 말을 해야 할 것 같았지만, 내 입에서는 자동적으로 평상시 생각이 튀어나와 버렸다. 대표이사도 의외의 답변이라는 듯 순간 멈칫한 표정을 짓다가 이내 미소를 지으며 다른 주제로 넘어갔다. 아마도 이런 상황이 이심전심이 아닐까?

세계적인 대기업이라도 고객을 무시하는 '순간의 실수'로 무너질 수 있음이 여러 사례를 통해 입증되고 있는 세상이다. 국제 정세의 변화나 세계적인 경제 위기가 닥치지 않아도, 기업은 언제든지 고객이 외면하는 순간 급작스럽게 또는 서서히 침몰할 수 있다는 것을 듣고 보아온 필자는 말 한마디, 행동 하나가 조직을 향한 메시지가 되는 최고경영자의 중요성을 체감해온 터였다.

많은 기업들이 '고객 가치 경영', '고객 중심 경영'이라는 표현을 내세우며 고객 커뮤니케이션과 홍보에 노력을 기울인다. 하지만 시스템과 조직의 유기적인 지원과 협력이 받쳐주지 못하면 결국 철마다 나오는 표어로만 남는 것이 현실이다.

기업은 일상적으로 최고경영자가 가진 철학이 기업의 아이덴티티를 결정하고 조직 평가에 투영되어 조직원의 방향성과 실행이 결정되는 구조로 이루어진다. 그래서 최고경영자가 직접 주도하지 않는 고객 가치 경영은 흔들리기 쉽고, 만일 기업이 리스크 상황이라도 겪게 되면 그나마도 고객은 한참 뒷전으로 밀리게 마련이다. 리스크 상황에서도 경영진을 향해 고객 가치를 중심으로 업무 처리를 이야기할 수 있는 조직원이 과연 얼마나 될까?

위기를 기회로 바꾼 존슨앤존슨의 타이레놀 사태

1982년 9월, 미국을 떠들썩하게 만든 사건이 일어났다. 시카고에서 일곱 명의 주민이 갑자기 사망했는데, 그들의 공통점이 타이레놀을 복용했던 것이다. 존슨앤존슨이 제조 판매하는 세계적인 의약품 브랜드 '타이레놀'은 이 사건의 원인으로 의심받으며 판매량이 급격히 떨어지고 창사 이래 최대의 위기를 맞았다. 수사 결과 사망 원인은 타이레놀의 소매 유통 과정에서 누군가 제품에 독극물을 고의로 투입했기 때문인 것으로 드러났다.

사람들은 이 사건으로 존슨앤존슨이 망할 것이라고 예상했다. 하지만 이들의 대응은 정말 놀라웠다. 이들은 즉시 전 세계에 판매된 3,100만 개의 타이레놀을 전량 수거하여 전수 검사를 실시해, 이중 독극물이 투입된 75개의 타이레놀을 추가로 찾아냈다. 그들은 위기 상황에서도 사회적 책임을 다하려 노력했고, 경제적으로도 2억 4,000만 달러의 천문학적인 손실을 감수했다.

그리고 존슨앤존슨은 또 하나의 놀라운 결정을 했다. 보통 이런 대형 리스크를 겪은 회사의 경우 브랜드 이미지는 회복할 수 없기 때문에 해당 브랜드는 사형선고를 맞게 된다. 존슨앤존슨은 오랫동안 신뢰를 쌓아올린 '타이레놀'이란 브랜드를 독극물이란 이미지와 함께 버려야 한다는 내부 의견으로 갑론을박했다. 하지만 회사는 의약품은 유지하면서 이름만 바꾸는 것은 오히려 고객을 기만하는 행위라며, '타이레놀' 브랜드의 유지를 결정하고 품질 관리에 더욱 충실할 것을 다짐했다. 이것은 단순히 대중의 분노를 누그러뜨려 일단 위기를 넘겨보려는 리스크 관리용 의사 결정이 아니었다. 오래전부터 그들이 지켜오고 배경으로 삼아온 '우리의 신조(Our Credo)'라는 기업 철학이 있었기에 가능한 일이었다.

가짜 백수오 사건으로 드러난 기업 철학의 중요성

또 하나의 사례는 2015년 국내에서 발생한 일명 '가짜 백수오 사건'이다. 2015년 4월 한국소비자원은 중년 여성들의 갱년기에 도움을 준다는 백수오를 원료로 건강 보조 식품을 제조 판매하는 국내 중견 기업을 점검한 결과, 국내에서는 사용이 허가되지 않은 이엽우피소를 사용한 사실을 발견했다고 발표했다. 이 제품은 당시 최고의 인기를 끌던 건강식품이었기에 사회적으로 큰 파장을 일으켰다. 당장 관련 기업 주가가 폭락하고 뉴스에서는 이와 관련된 이야기들이 연일 보도되었다.

중장년층 여성 고객의 건강 보조 식품이라는 상품의 특성상 이를 구매, 복용한 고객들은 분노했고 이를 판매했던 유통 업체들은 환불과 고객 응대로 오랫동안 홍역을 앓았다. 상품 판매 규모가 크고 건강 보조 식품이라는 특성상 사회적 이슈가 되었던 이 사건은 검찰이 백수오 제품의 최대 원료 공급 업체였던 해당 제조사에 무혐의 처분을 내리면서 종결되었다. 이 사건은 판매 기업에게는 많은 손실을, 고객에게는 불안감을 남겼으며, 건강 보조 식품 시장의 침체라는 부정적인 결과를 남기고 말았다.

고객 입장에서는 건강을 위해 사먹은 식품이 오히려 건강을 해칠 수 있다는 생각에 분노할 수밖에 없었지만 제조 업체는 억울함을 호소하며 끝까지 견뎌냈고, 이엽우피소가 들어갔다는 최종(법적) 근거가 없었던 유통 업체들은 일부 환불(잔여량)이라는 고객 정책을 펼치며 손실 최소화를 위한 고육지책들로 진통을 겪었다.

두 사례 모두 기업에게는 생존이 걸린 리스크 상황이었고, 리스크의 여파는 가늠하기 어려울 정도로 컸다는 공통점이 있다. 물론 사망 사건과 인체에 유해한 물질의 혼입 추정 사건은 직접 비교될 수 없을지도 모른다. 그러나 위기 상황에서 기업이 대응하는 방식에서는 큰 차이가 있다.

존슨앤존슨은 기업 철학을 기반으로 고객 안전을 최우선하는 의사 결정을 했고 기업의 손실 유무는 후순위에 두었다. 반면에, 가짜 백수오 사건으로 홍역을 치른 제조사와 유통 업체들은 원인과 근거, 책임에 대한 다툼으로 고객을 먼저 생각할 여력이 없었다. 이 사건은 식품의약품안전처가 백수오와 이엽우피소의 독성 시험 및 위해 평가를 실시하여 백수오는 '열수 추출물'로만 사용하도록 사용을 제한하고 이엽우피소는 식품 원료로 인정하지 않는다고 발표하면서 일단락되었다. 그러나 결과적으로 명확한 책임 소재가 밝혀지지 않았으니 문제를 제기한 한국소비자원이나 해당 기업도 억울한 바는 분명히 있을 것이다.

가짜 백수오 사건은 우리에게 기업 철학의 존재 유무 및 준수 의지에 따라 위기에 대처하는 기업들의 방식이 얼마나 큰 차이를 보일 수 있는지를 생생하게 보여준다. 기업 철학은 고객도 안심하고 기업도 더욱 성장하는 결과를 가져오기도 하고, 서로 상처만 남는 결과를 가져오기도 한다. 적어도 존슨앤존슨의 사례가 고객에게는 더 긍정적인 기업으로 남을 것이다.

'고객만족 경영'은 어떤 기업이든 선언할 수 있지만 가장 실천하기 어려운 약속이다. 대외적으로는 '고객만족 경영'을 강조해도, 직원들에게 전달되는 메시지와 평가 기준이 손익과 성장을 최우선 가치로 둔다면 이미 고객만족 경영은 불가능하지 않을까?

고객에 대한 강력한 철학적 기준을 정의하고 직원과 실천 방식에 대해 끊임없이 소통해야 한다. 위험 상황에서도 고민하지 않고 바로 실행할 수 있는 고객 경영 철학은 진정으로 고객을 감동시키고 언제나 선택받는 제2, 제3의 존슨앤존슨을 만들어줄 것이다.

시간이 흘러 세대가 바뀌어도 언제나 선택받는 기업. 아버지, 어머니가 즐겨 찾던 기업을 자식이 다시 찾는 회사. 이런 기업이야말로 존중받으면서 성장하고, 사회에 선한 영향을 미치는 기업으로 고객과 함께할 수 있으리라 생각한다.

이 정점에 바로 최고경영자가 있고, 그래서 필자는 고객서비스를 '최고경영자의 철학'이라고 힘주어 강조하고 싶다.

2장

마켓 4.0시대, 고객서비스가 기업을 좌우한다

마켓 4.0 시대의 고객서비스는 달라야 한다

서비스의 경계가 사라지는 '초연결' 시대

21세기 들어 전 세계는 '4차 산업혁명'이라는 새로운 전환의 시대를 맞고 있다. 많은 학자들은 차세대 산업혁명인 '4차 산업혁명'을 새 시대의 화두로 삼으며 미래 시장의 변화를 예고하고 있다. '4차 산업혁명'의 실체에 대해서는 학자들마다 의견이 엇갈리지만 일반적으로 인공지능(AI, Artificial Intelligence), 사물& 인터넷, 빅데이터, 모바일 등 첨단 정보통신기술(ICT, Information Communication Technoiogy)이 경제·사회 전반에 융합되어 혁신적인 변화가 이루어질 것으로 내다본다. 특히 'IOT(Internet of Things)'라고 불리는 사물인터넷을 기반으로 생산 기기와 생산품 사이에 소통이 가능하고 생산 과정 전체가 최적화할 것이 예상되고 있다.

마케팅의 대가 필립 코틀러는 우리 사회가 '연결성'으로 인해 젊은이와 여성, 네티즌을 중심으로 시장의 주도권이 이동하고 있음을 역설하고 있다. 《마켓 4.0》에서 그는 연결된 고객 집단을 공략하기 위해 새로운 고객 경로를 탐색하고, 구매 행동률(PAR, Purchase Action Ratio: 기업이 브랜드의 인지를 브랜드에 대한 구매로 얼마나 잘 전환하는지 나타내는 지표)과 브랜드 옹호율(BAR, Brand Advocacy Ratio: 기업이 브랜드의 인지를 브랜드에 대한 옹호로 얼마나 잘 전환하는지 나타내는 지표) 등의 지표를 분석하며, 지속적으로 인간 중심의 마케팅을 펼쳐야 한다고 주장한다. 한마디로, 인터넷 기반의 지식정보 사회를 지나 자동화와 인공지능 기반의 '초연결' 사회로 전환하고 있음을 역설한 것이다.

필립 코틀러가 정리한 마켓의 변천 과정은 다음과 같다.

1. 증기기관 발명에 따른 기계화. 잘 만든 제품 중심 시대 → Marketing 1.0
2. 전기 에너지에 기반한 대량생산. 소비자 중심 시대→ Marketing 2.0
3. 컴퓨터와 인터넷에 기반한 지식정보 혁명. 인간 중심 시대 → Marketing 3.0
4. ICT 발달에 따른 자동화와 지능화 혁명. 인간 감성 중시 시대 → Marketing 4.0

지금까지 서비스라고 하면 기본적으로 사람이 사람을 위해 하는 노동의 하나였다. 그렇기 때문에 고객서비스는 서비스를 제공하는 사람 스스로가 고객 입장의 감성을 가져야만 진정성을 담을 수 있었고, 고객 감동을 이야기할 수 있었다. 그러나 '초연결' 사회에서는 사람과 사람의 연결뿐 아니라 기기와 사람, 기기와 기기 간의 연결이 가능해지므로 고객서비스에 대한 관점이 바뀔 수밖에 없다. 이미 우리는 아날로그 시대를 거쳐 디지털 시대를 경험하면서 이 '연결성'의 위력을 충분히 경험하고 있다.

'초연결' 시대가 되면 서비스의 경계가 사라지고 유통 패러다임도 급격히 변하게 될 것이다. 지금까지 판매와 유통, 서비스가 별개로 존재하며 유기적 관계를 가졌다면 향후에는 서비스가 상품과 융합되어 하나로 인식될 것이고, 서비스 자체가 경쟁력의 핵심이 될 것이라 생각한다. 또한 사물인터넷으로 인해 온라인은 물론 오프라인 서비스에서도 더 이상 사람의 도움을 받지 않아도 되는 서비스의 극대화가 가능해질 것이므로 기업은 비용 절감을, 고객은 시간을 절약할 수 있는 장점을 가질 수 있다.

무인 판매점 시대가 온다

시대의 변화는 우리 곁에 다가와 있다. 이마트24 무인 편의점, 세븐일레븐의 무인 편의점 시그니처, 알리바바의 무인 마트

타오카페가 이미 고객들에게 선보인 상태이다. 그중 대표적인 사례는 '아마존고(Amazon GO)'와 중국판 아마존고라 불리는 징둥의 무인 매장 'X마트'이다.

아마존의 무인 매장 아마존고는 2018년 1월 22일부터 일반인을 대상으로 영업을 시작했다. 스마트폰에 아마존고 앱(App)을 설치하고 실행하면 QR 코드가 뜨고, 이를 지하철 개찰구처럼 생긴 매장 입구에 찍고 통과하면 된다. 입구에서 고객을 자동으로 인식하고 나면 카메라와 센서가 어떤 물품이 선반에서 꺼내졌는지를 추적한다. 고객이 진열대에 있는 물건을 집으면 바로 아마존고 앱 장바구니에 해당 품목이 추가되고, 내려놓으면 자동으로 삭제된다. 상품 구매가 끝나면 고객은 들어온 개찰구로 나가면 되는데,

미국 시애틀에 아마존고 매장이 오픈하면서 스마트한 시장 환경의 실현이 더욱 가까워졌다.

5~15분 뒤에 영수증이 전송되면서 결제가 이루어진다. 고객이 오프라인 매장에서 상품을 구매하는 행동 방식에는 영향을 주지 않으면서도 '결제'에 소요되는 행동을 제거해 시간 절약과 편리함을 더한 방식이다.

아마존고는 "노 라인, 노 체크아웃(No Line, No Checkout: 줄 없고, 결제 없다)"이라는 슬로건을 걸고 2016년 12월 시험 개장한 뒤 1년 만에 일반인에게 오픈했다. 시스템에는 '저스트 워크아웃 테크롤로지(Just Walk Out Technology)'라는 기술을 적용했다. 수많은 카메라와 압력 센서, 적외선 센서, 무게 측정 로드셀 등의 최점단 기술이 상호작용을 하며 사람과 기업을 연결해준다.

그러나 아마존고도 아직까지 100퍼센트 무인 시스템은 아니라고 한다. 요리사나 주류 구매 시 고객 확인을 위한 직원이 상주해 있고, 상품을 채우는 일은 여전히 사람이 맡고 있다. 그러나 이 분야도 언제 기술로 대체될지 모르는 일이다. 중국판 아마존고라 불리는 징둥의 무인 점포 X마트는 테스트베드 형태로 징둥 본사 1층에 매장을 오픈하고 내부 직원들을 대상으로 운영을 시작한 데 이어 2018년 8월에는 인도네시아 자카르타에 자사 무인 상점 기술을 활용한 해외 1호점 'JD.ID X-마트'를 열었다.

이 둘의 차이점이라면 아마존고는 이용할 때마다 항상 휴대전화를 소지해야 하지만 X마트는 최초 사용 시만 휴대전화의 QR코드를 이용하고, 이후부터는 안면 인식을 이용한다는 점이다. 그리고 X마트는 아마존고가 운영하는 카메라 기반의 고객 동작 인식과 가상 장바구니를 운영하지 않는다.

위 두 사례는 대표적인 인적 서비스 영역이던 소매점이 자동화, 무인화된 모델이다. 비용 절감과 24시간 운영 효율을 극대화한 것이고, 결제와 사후 처리는 상품을 집어 드는 순간 상품과 하나가 되어 움직인다.

우리는 스마트 시대를 경험하면서 수많은 정보를 확보할 수 있게 되었고 덕분에 고객들의 안목과 니즈는 한층 더 높아졌음을 피부로 느끼고 있다. 필립 코틀러의 설명처럼, 이제는 제품 중심의 산업에서 서비스 중심으로 산업이 변화하고 있고 '초연결'이라는 기술적 환경은 시장의 주도권마저 바꾸어버렸다. 사물인터넷, 옴니채널(Omni-Channel: 기존 온·오프라인 유통 채널에 IT·모바일 기술을 융합한 유통 전략) 등 더욱더 스마트해져가는 시장과 유통 환경은 사람 중심의 대면 서비스 전략을 추구해온 기업들에게 뿌리부터 바뀌어야 함을 알려주고 있다. 1:1 맞춤형 고객 관리, 가치와 체험을 소비할 수 있는 경험적 서비스, 지속 가능한 고객 연계 서비스가 필요하게 될 것이다. 그렇기에 과거 온·오프라인의 대면 서비스 방식이 자동화, 무인화로 전환되는 시점부터는 고객서비스 운영보다는 구조적인 고객서비스 설계 영역이 필연적으로 중요해질 것이다.

4차 산업혁명 시대의 자동화 서비스를 이기는 인적 서비스

로봇기자가 전하는 올림픽 소식

2018년 2월, 우리는 평창 동계올림픽의 개최로 즐거운 시간을 보냈다. 열심히 뛰는 선수들의 모습은 추운 겨울을 따뜻하게 녹여주었고, 특히 컬링 국가대표 '팀킴'은 수많은 유행어와 패러디를 낳으며 전 국민의 사랑을 독차지했다. 필자 역시 열혈 시청자 모드로 보름여를 보냈다. 당시 인터넷에서 선수들 경기 결과를 검색하던 필자의 눈에 아주 흥미로운 기사 제목이 들어왔다.

> "세상에서 가장 빠른 올림픽 뉴스… 로봇기자, 올림픽서 맹활약"
>
> \- 사이언스타임스, 2018. 2. 14.

'로봇기자라고?'

순간 이마트 성수점에서 시범으로 선보였던 쇼핑 도우미 '페퍼(Pepper)'와 같은 자율주행 이동로봇이 경기장을 돌며 신문 기사를 보여주는 서비스를 하고 있는 것이 아닐까 짐작하고 기사를 읽어 내려갔다. 그런데 내용을 자세히 읽어보니 필자가 생각한 로봇이 아닌 인공지능을 기반으로 하는 '올림픽봇(Olympicbot)'이 주인공이었다.

올림픽봇은 연합뉴스가 평창동계올림픽 기간 동안 로봇 알고리즘을 이용해 올림픽 관련 기사를 자동으로 작성하도록 가동하는 로봇기자였다. 이 로봇은 경기 일정 변경부터 경기 종료 후 경기 속보, 국가별 메달 순위, 신기록 소식, 한국 선수 활약상 등 다양한 소식을 기사로 작성해 웹사이트에 게재하는 역할을 했다. 그런데 여기에 걸리는 시간이 1~2초에 불과했다. 실제로 2월 10일 쏟아진 한국 선수들의 결승 진출 여부와 크로스컨트리 경기 결과, 쇼트트랙 결정 속보 등 로봇이 작성한 기사는 사람이 작성한 기사보다 최소 1~2분 이상, 길게는 한 시간 이상 빠르게 기사로 올랐다고 〈사이언스타임스〉는 전하고 있었다.

필자가 생각하는 뉴스 기사 작성은 현장 분위기에 대한 설명과 기록 결과 분석, 이해가 가능한 문맥을 가진 문장 작성이 필요한 대표적인 사람의 일이다. 그런데 인간이 현장 취재를 하지 않아도 결과 데이터와 통신, 인공지능 기술만으로도 사람이 이해할 수 있는 기사가 써질 수 있다는 것이니 글로만 읽던 첨단기술이 바로 옆에 와 있음을 실감할 수 있었다.

콜센터 신입 사원 '챗봇'

이런 변화가 여기에만 있는 것은 아니었다. 최근 국내에서도 인적 인프라 사업인 콜센터 상담 시스템에 '챗봇(Chatterbot)' 활용이 활발해지면서 인공지능 시대가 좀 더 가까워지고 있음을 알리고 있다.

대면 서비스 중심의 오프라인 사업이 온라인화하면서, 자동 응답 시스템, 인터넷을 거쳐 모바일 앱에 이르기까지 사람이 대행하는 서비스는 고객 셀프서비스 기반의 자동화로 변화했고 현재도 우리 생활 가까이에 자리 잡고 있다. 지금까지의 자동화 서비스는 정해진 프로세스를 기반으로 하기 때문에 다양한 고객 응대에는 한계가 있었고, 여전히 온·오프라인의 대면 서비스는 강한 존재감을 가지고 있다.

하지만 이것이 정형화가 가능하고 반복되는 업무를 자동화한 것에 불과했다면 챗봇으로 접근되는 인공지능은 제한적 프로세스를 벗어나는 업무의 처리도 가능케 해줄 수 있다. 앞의 사례와 같이 '생각과 이해 가능한 문장 작성'이 필요한 영역이 자동화로 대체된다는 것은 보다 넓은 영역의 서비스 변화가 예상되는 부분이다.

오프라인 매장은 자동화 영역이 확대되면서 무인 매장을 지향하고, 온라인 상담센터조차도 무인 상담센터를 목표로 여러 시스템들을 출시하고 있다. 이런 추세라면 온라인, 오프라인에서 사람이 제공하는 서비스는 사라질 수 있다는 전망도 무리는 아닐 것이다.

늦기 전에 시작해야 한다

2018년 3월 한국고용정보원은 '4차 산업혁명 미래 일자리 전망' 보고서를 발표했다. 이에 따르면 우리 사회의 전통적인 직업 영역은 앞으로 본격적인 변화를 맞게 될 것으로 보인다. 보고서는 연구 개발과 공정 관리, 법률 전문가 등 높은 숙련도가 필요하고 비정형적인 업무는 기술 대체 가능성이 낮고, 숙련도가 낮더라도 비정형적인 청소나 간병, 육아 등의 업무 역시 대체 가능성이 낮다고 전망하고 있다. 반면에 숙련도가 낮고 정형적인 단순 조립, 계산과 출납, 시설 안내 등의 업무는 기술로 대체될 가능성이 높은 것으로 분석했고, 회계나 법률 사무, 통·번역 등은 높은 숙련도가 필요하지만 업무 형태가 정형적이어서 대체 가능성을 '중간' 정도로 예상했다.

보고서는 이를 토대로 인공지능 전문가와 빅데이터 전문가, 로봇공학자 등 열 개 직업이 4차 산업혁명 시대에 유망할 것으로 전망한 반면 콜센터 요원과 생산·제조 관련 단순 종사원, 계산원 등

여섯 개 직업은 위기를 맞을 것으로 내다보았다.

이미 뷰티 화장품 매장에서는 스마트 스크린을 활용하기 시작했고, 패션 매장의 직원들 역시 스마트 거울과 인공지능 스피커로 대체되는 순간이 멀지 않아 보인다. 사람의 직접 서비스 영역이 급격히 줄어드는 것은 현실적인 미래가 되고 있다.

보험 업계에서는 일찍이 2000년을 전후해 인터넷 보험 가입과 비교 견적 서비스가 도입되면서 업계에 잔잔한 파문을 일으킨 바 있다. 당시 인터넷 보험은 고객에게 저렴한 보험료를 제공하고 다양한 선택이 가능하다는 장점이 부각되면서 활성화되었고, 그에 따라 보험설계사가 모두 없어질 것이라는 불안한 위기의식이 형성되었다.

그러나 그 뒤 보험설계사의 직무는 생명보험, 손해보험, 신용카드, 펀드와 투자 등 종합적인 재무 설계를 할 수 있는 전문 재무설계사(FC, Financial Consultant)라는 영역으로 고급화, 전문화되면서 여전히 대면 설계를 원하는 고객들을 대상으로 인적 관계 관리를 통해 살아남아 있다.

20여 년 전의 보험 업계와 지금의 환경 변화를 같은 선상에서 보는 것은 무리일지도 모른다. 그러나 서비스를 받는 객체가 사람이라는 전제에서는 사람이 제공하는 서비스의 영역이 좁아질 뿐 이 직업군이 한꺼번에 사라지지는 않을 것이다. 그렇기 때문에 더더욱 고객서비스의 완결성을 목표로 자동화와 무인화를 보완할 인적 업무 영역을 찾아 가치를 높이는 일을 게을리하지 않아야 한다.

기업이 가진 원가 절감과 서비스 차별화라는 상시적인 고민은 정보기술, 인공지능 환경이 조성되면서 자동화와 무인화 서비스라는 지향점을 가지게 되었고, 대중적 확산은 시간문제일 뿐이다. 그렇기에 현재 인적 기반의 서비스 사업을 영위하는 기업들은 현명한 고민을 시작해야 한다. 자동화, 무인화가 고객서비스와 고객만족 측면에서 기업의 색깔을 전달하는 데 얼마만큼의 완결성을 제시할 수 있을지는 알 수 없다. 서비스의 객체는 사람이고 사람의 기대 심리와 눈높이는 늘 변하기 때문이다.

우리는 마켓 4.0 시대가 불러올 고객서비스의 큰 변화를 어떤 관점과 준비로 맞이할 것인가?

무엇이 되었든, 늦기 전에 시작해야 한다.

고객서비스로 흥하거나, 고객서비스 때문에 망하거나

BMW는 왜 소비자 불만에 불을 붙였나

2018년 하반기 공중파 뉴스와 각종 포털 사이트를 뜨겁게 달군 자동차 회사는 단연 BMW이다. BMW는 상위 라인 차종에서 원인 미상의 화재가 잇달아 발생해 2018년 11월 자발적 리콜을 진행하고 있다. 특히 결함이 차량에 불이 붙는 사고로 나타나는 데다가 운행 중에도 이 같은 일이 발생해 차주들의 불안감을 가중시켰다. 사건이 계속되자 한 아파트 관리사무소에서는 특정 BMW 차량을 지하주차장에 주차하지 말 것을 부탁하는 안내문을 붙이기도 했다.

필자는 뉴스를 보는 입장에서 인명 사고가 없는 것에 그나마 안도할 뿐이지만 차주들은 생명과 직결된 안전 문제이므로 정신적

피해와 스트레스가 어떨지는 충분히 공감할 만했다. 게다가 아직 원인 규명이 명확히 끝나지 않은 상태에서 발화 사고가 계속 일어나고 있어 필자도 관심을 가지고 이 사건을 보았다.

필자는 무엇보다 시간 경과에 따라 BMW사가 대응한 방식에 관심을 집중했다. 2015년 11월에서 2016년 1월 사이 차량 화재 사고가 처음 발생했을 때의 대응부터 화재 사고가 누적되고 사고와 관련해 언론 노출이 잦아지기 시작할 때의 대응, 국토교통부가 개입하고 회사가 자체 리콜을 시작할 때의 대응, 이후 본사와 한국지사가 화재의 원인을 설명하고 안전 점검을 실시해주는 대응을 차례대로 살펴보았다.

필자는 개인적으로, BMW사가 결국 일이 커지고 한국 정부가 관여하기 시작하면서 태도를 달리했다고 느꼈다.

앞서 예로 들었던 토요타 사건을 떠올려보자.

글로벌 자동차 회사인 토요타사는 2009년, 미국에서 판매된 차량의 소유주들로부터 브레이크 이상과 급정거로 꾸준한 문제제기를 받고 있었다. 그러나 토요타는 문제의 책임을 고객과 부품체에 전가하며 책임 회피에 급급했다. 토요타는 결국 전 세계에 판매한 자사 차량의 리콜 사태까지 직면하게 되었지만, 고객 사과와 성명을 발표할 때에도 차량 이상의 원인을 밝히지 않아 사건 은폐 의혹까지 불러왔다. 이후 토요타에 대한 소비자들의 신뢰도가 바닥에 떨어진 것은 당연했다. 나중에 조사된 바로는, 리콜이 결정된 순간에도 고객들은 토요타에 대한 신뢰를 버리지 않았고 토요타 차량을 구매할 의사가 있었다고 한다. 하지만 토요타의 늑장 대응과 책임 회피에 고객들은 분노했고 이는 토요타가 생산하는 차종 전반에 영향을 미치게 되었다. 이 사건으로 일본 자동차의 명예는 고사하고, 미국 내 자동차 점유율과 판매율은 급격히 하락했다. 토요타의 사례는 VOC 경영의 주요 사례로 활용되며, 경영진과 고객서비스 직원들에게 반면교사가 되었다.

한번 추락한 신뢰도는 쉽게 돌아오지 않는다

BMW의 차량 화재 사건도 처음부터 언론에 노출되고 사회적으로 이슈가 된 것은 아니었다. 초기에는 고객으로부터 엔진 화재와 관련한 사고 접수가 있었다. 하지만 BMW사는 일반 수준의 고객 대응으로 일관했고, 이렇게 하다가 일이 점차 커져 결국은 국토교통부가 사고 원인 규명에 개입하도록 만들었다. 국토교통부가 개입된 뒤부터 BMW는 각 시점마다 적극적으로 대처하는 모습을 보였지만, 고객들은 이미 BMW의 어떤 조치도 신뢰할 수 없는 지경에 이르렀다.

BMW는 토요타 사건 때와 같이 고객과 전문가들이 이해할 수 있는 수준의 합리적 발화 원인을 설명하는 데 미흡했고, 대응 조치 또한 문제 부품의 교체와 주기적인 엔진 청소일 뿐 근본적인 해결책을 제시하지 못해 고객에게 불안의 불씨를 계속 남겨두었다.

물론 BMW 내부에서는 기업 이미지와 매출, 이익, 법적 문제, 고객 반응, 이후 리스크를 놓고 수없이 많은 전략 회의를 거치며 고심했을 것이다. 이 과정에서 기업의 이익을 놓고 많은 저울질을 했을 것이고, 결국에는 기업에 유리한 방법을 택했을 확률이 높다. 이번 사태를 잘 마무리한다 해도 땅바닥에 떨어진 BMW의 명예와 신뢰는 당분간 회복하기 어려울 것이다. 회사가 망하지는 않더라도 큰 타격을 입은 것은 자명한 일이다.

결국 2018년 8월 BMW의 판매 실적은 차량 사고 이후 43.9퍼센트 하락하면서 매출 부진을 기록하고 말았다. BMW의 매출은 8월 2,383대를 판매하면서 전월 대비 39.8퍼센트, 전년 동기간보

BMW는 차량에서 발생한 원인 미상의 발화 사건에 대한 대응으로 신뢰에 큰 타격을 입었다.

다 41.9퍼센트 감소한 실적을 보였다. 9월 들어서도 2,052대의 판매 실적을 올렸는데, 이는 전월 대비 13.9퍼센트, 전년 동기간보다 61.3퍼센트나 하락한 실적이라고 한국수입자동차협회(KAIDA)는 보고했다.

오랜 세월 동안 쌓아온 명품 자동차의 이미지는 '생명과 직결된 안전사고'라는 가장 나쁜 기억으로 남게 되었다. 고객은 '위기에 대처하는 기업의 태도'에서 깊은 인상을 받게 되고 명품 자동차라는 과거의 만족감에 상관없이 향후의 고객 행동으로 BMW를 대할 것이다.

초심을 기억하라

필자에게 기업 성패의 중요한 포인트가 무엇이냐고 묻는다면 '품질'이라고 답할 것이다. 정치적 상황이나 경영상 이슈가 아니라면 기업이 망하는 경우도 결국 품질에서 발생하고 기업이 흥하는 이유도 품질에서 찾아볼 수 있다. 상품 품질, 서비스 품질, 신뢰 품질을 지속시키는 역량이 바로 기업 흥망을 결정하는 원인이 된다. 모바일 시대를 관통하면서 많은 사업이 서비스 기반으로 변했고, 그 흐름의 주도권은 더 이상 상품이나 서비스를 제공하는 기업에게 있지 않다. 따라서 기업은 새로운 고객 가치를 지속적으로 제안할 수 있을 때에만 고객과 함께할 수 있다. 고객에게 가치를 제공한다는 의미는, 고객 입장에서 고객이 생각하는 중요한 일이나 문제를 해결하는 것을 말한다. 그래야만 고객은 기업을 신뢰하게 되고 기업과의 교류를 지속하기 때문이다.

토요타는 제품의 품질 결함이라는 1차 위기가 있었지만 서비스 단계에서 이를 회복할 수 있었는데도 서비스 품질을 지켜내지 못했다. 이는 결국 신뢰의 품질에 영향을 주었다.

BMW 경우도 그와 유사한 길을 걸어가는 느낌이다. 위기를 맞이했지만 이를 회복하는 과정에서 이미 고객 신뢰의 품질을 지켜내기는 어려워 보이기 때문이다.

신뢰 품질을 못 지키는 이유는 고객의 불안, 손실 등 다양한 문제를 시원히 해결해주지 못했기 때문이다. 필요한 상품을 탐색하고 선택하는 과정에도, 주문과 배송을 받는 과정에도 항상 고객 문제는 존재한다. 가장 기본적인 고객 문제는 고사하고 고객 생명을 위협하는 문제를 해결하지 못하는 고객서비스는 결국 고객에게 버림받을 수밖에 없다.

사업을 일으키고 홈페이지나 블로그, 카페를 처음 운영할 때는 회원 한 사람이 남긴 글에도 정성을 다해 답변하게 된다. 온라인에 수시로 접속하여 질문에 답하고, 고객이 필요로 할 만한 자료를 업데이트하고, 신입 회원이 자주 찾아올 수 있도록 배려와 정성을 아끼지 않는다. 하지만 회원 한 사람 한 사람을 관찰하고, 그들의 결핍을 채우려 노력하는 마음과 태도는 조직의 규모가 커갈

수록 획일화된 제도와 시스템으로 대체되게 마련이다.

고객으로서의 한 사람은 보이지 않고 대중화된 집단으로 대하게 되는데, 이때 힘을 발휘하는 것이 진정성 있는 고객 철학의 유무이다. 기업이 성장하면 조직의 규모와 업무의 복잡성으로 인해 초심을 유지하기가 매우 힘들다. 하지만 '초심'이야말로 기업을 유지하는 버팀목이자 든든한 기반이 된다. 이 기반의 다른 말이 곧 '기업 철학'이다.

반복되는 고객 불만, 무엇이 문제인가?

잘못된 '흐름'을 파악하는 것이 핵심이다

고객서비스 부서에서 고객 업무를 처리하다 보면 난감한 경우가 종종 있다. 그중 하나가 이미 처리하고 개선까지 완료한 VOC가 반복 인입되는 경우이다. 최선을 다해 접수된 고객 이슈가 재발하지 않도록 근본적인 해결을 추진했지만 같은 이슈가 반복되고 고객 불만으로 이어질 때는 아무리 VOC 처리 전문가라도 기운이 빠지는 건 어쩔 수 없다.

VOC가 인입되면 기본적으로는 정해진 규정에 따라 처리하지만 성향이 다양한 고객 중에는 기업의 규정을 거부하는 경우도 있고, 때로는 규정을 적용하기가 애매한 상황도 있기 마련이다. 이런 이슈들은 고객 접점에서 고객 정책을 담당하는 스텝 부서로 이

관되어 원인 분석과 고객 지원을 실행한 후 원인이 된 프로세스 개선을 진행한다.

이대로라면 상식적으로 같은 문제가 발생하지 않아야 하지만, 안타깝게도 유사한 불만은 반복되어 담당자의 의욕을 떨어뜨리기도 한다.

기본적으로 기업은 자사와 관련된 고객 문제가 발생하는 것을 원하지 않는다. 인력, 시간, 비용 낭비는 물론 고객 불만으로 인해 기업 가치를 해치는 상황을 누가 원하겠는가? 경영진은 문제가 발생하면 근본적인 문제 해결을 통한 재발 방지를 지시하고, 프로세스 혁신을 이야기한다. 접근이 틀린 것은 아니지만 필자의 입장에서는 좀 다른 이야기를 하고 싶다. 고객 문제가 반복되는 경우는 '프로세스'가 없거나 잘못된 경우보다는 업무 '흐름'에 문제가 있는지를 보아야 한다고 말이다.

잘못한 사람이 없어도 문제는 발생한다

온라인 쇼핑으로 조리 기구를 구매한 A 고객을 예로 들어보자.

A 고객은 조리 기구를 구입하면서 사은품으로 일곱 종류의 프라이팬을 받았는데, 수량이 많다 보니 왠지 이득을 본 것 같아 기분이 좋았다. 그런데 프라이팬을 두세 번 사용했을 뿐이었는데 코

팅 표면이 벗겨지고 말았다. 고객은 바로 콜센터에 연락했고 프라이팬의 품질이 형편없다며 불같이 화를 냈다. 원인을 알지 못한 상담원은 연신 "죄송합니다. 확인 후 연락드리겠습니다"라는 말만 되풀이하다 상담을 종료했다.

상담원은 상품 담당자에게 전산으로 내용을 전달하고 답변을 요구했지만 담당자는 다른 일로 바쁜지 연락을 주지 않았다. 급한 마음에 전화도 해보았지만 연결되지 않았다. 그 사이 고객은 두세 번 더 전화했고, 상품 품질 불만에 답변 지연까지 더해져 더욱 강한 불만을 토로했다. 설상가상으로 여러 고객에게 같은 불만이 접수되기 시작했지만, 원인을 알지 못하는 상담 직원은 임기응변으로 대처해야 했다. 한참 뒤에 상품 담당자는 아래와 같은 답변을 보내왔다.

"원래 사은품은 특성상 본품과 같은 수준의 품질을 보장할 수 없고, 고객이 한두 번 쓰고 버릴 거라는 전제로 기획한 것입니다."

정말, 고객을 몰라도 한참 모르는 답변이었다.

그 뒤 이 문제는 내부적으로 기업 신뢰 문제로까지 확산되었고, 사은품에 대한 품질 관리가 본품 수준으로 향상되는 계기가 되었다. 이후 사은품 관련 고객 불만은 상당히 감소했다.

이 사례에서 프로세스 개선은 '사은품도 본품과 같은 수준으로 점검한다'는 것이다. 하지만 고객 응대 과정의 문제는 프로세스가 없거나 잘못되어 발생한 것은 아니다. 고객 문의에 대해 프로세스대로 움직인 상담 직원은 반복해서 들어오는 고객 불만에 대응하기 어려운 상황에 처했고, 사은품 불량에 놀란 고객들은 해결책 없이 답변을 기다리느라 짜증이 났지만, 다른 일로 바빠 현장의 질의에 답변을 늦게 한 상품 담당자도 자신이 잘못했다고 생각하지는 않았다.

문제는 있는데 잘못한 사람은 없었고, 안타깝지만 고객은 담당자의 사정이나 노력을 알 수 없기에 분노했다.

넓은 관점에서 사소하게 접근하자

이런 경우 업무 흐름을 저해하는 것은 대부분 인적 사유에 기인하고 있어, 프로세스 내에 있지만 통제가 안 되는 영역이라는 특징을 가지고 있다.

고객 불만이나 요청이 지속된다는 것은 고객이나 기업 양자 모두 시간과 노력, 비용이 소모되는 비효율적인 상황이다. 전자동화가 아닌 사람이 개입되는 경우에는 프로세스를 정의했다고 해도 실무에서 정확히 지켜지지 않는 경우가 많다. 따라서 사소하고 통제되지 않는 업무의 흐름을 진단하고, 일의 진행이 막히거나 임의적으로 프로세스가 지켜지지 않을 수 있는 부분을 해결해야 한다. 하수도가 막히는 것은 하수관이 없어서가 아니라 이물질이 쌓였기 때문이다. 그래서 고객서비스 담당 부서에는 반드시 회사의 전체 '가치 사슬'을 이해하고 있는 숙련된 직원이 필요하다. 프로세스 전반을 이해하고 있는 담당자라면 어느 단계에서 흐름이 막혔는지를 바로 알 수 있기 때문이다.

반복되는 고객 불만이 있다면 거창한 '프로세스 혁신'에 현혹되지 말고 단순하고, 사소하며, 통제되지 않는 것을 점검하도록 주의를 기울여야 한다. 이렇게 접근해야 관점이 넓어지면서 문제 해결의 해법을 찾을 수 있다.

새로운 고객서비스 채널을 공략하라

유튜브 세상이 열리다

최근 몇 년간 유통업에서는 조용하면서 다양한 합종연횡이 일어났다. 고객 확보가 생존과 성장을 좌우하는 온라인 업에서 자사의 고유 채널만으로는 고객 확보에 한계가 있고, 그렇다고 추가 채널을 구축하기에는 온·오프라인 모두 투자 비용 대비 효과를 담보하기 어려운 상황이 영향을 끼친 결과이다.

어느 상품이든지 고객에게 알려져야 팔리는 것이 너무 당연한 이치이기에, 고객이 관심을 가질 수 있는 차세대 채널 확보는 유통업의 큰 고민거리일 수밖에 없다. 온라인 유통 업체들의 과다 경쟁에 따라 할인, 쿠폰, 적립금 등 프로모션 경쟁은 더욱 치열해졌고, 이런 혜택만을 쫓아다니는 '체리피커(Cherry Picker: 달콤한 체리만 골라먹고 가는 사람처럼 상품이나 서비스의 기능 중에서 혜택만 누리고 매출에는 기여하지 않는 소비자)' 고객군이 생기면서 '충성 고객 확대'라는 말도 이제 무색해졌다. 그럼에도 한편에서는 고객 관계 관리(CRM, Customer Relationship Management: 기업이 고객을 관리하기 위해 필요한 방법론이나 소프트웨어 등을 가리키는 용어), 개인화, 빅데이터 분석 등 고객을 연구하고 서비스를 차별화하여 고객을 붙잡기 위해 안간힘을 기울이고 있다.

필자에게는 게임을 좋아하는 초등학생 아들이 있는데, 퇴근 후 집에 들어가면 종종 아들이 꽤 늦은 시간인데도 핸드폰 동영상을 보고 있는 경우를 보게 된다. 한번은 호기심에 살짝 엿보니 아들은 자동으로 작동되는 게임 영상에 푹 빠져 있었다.

"지금 게임하는 거야?"

내가 묻자 아들은 이렇게 대답했다.

"아니야 아빠. 게임 잘하는 사람이 올려놓은 동영상을 보면서 게임하는 방법을 배우는 중이야"

오락실 세대인 필자는 친구들과 오락실로 우르르 몰려가 같이 게임을 하거나 혼자 조이스틱과 버튼을 눌러가며 독학으로 게임을 마스터한 경험은 있어도 유튜브 동영상으로 게임하는 법을 배운 적은 없었다. '게임하는 영상'을 보며 게임을 배우고 있는 아들의 모습은 필자에게 매우 생경하게 느껴졌다. 지금도 필자는 궁금한 것이 있으면 다음이나 네이버, 구글 같은 검색 엔진을 이용하는데 초등학생인 아들은 달랐다.

아들에게는 유튜브가 바로 검색 도구이자 인터넷 선생님이었다. 새로운 게임이 나오면 아들은 유튜브에 올라온 게임 고수들의 동영상을 먼저 학습하고 게임에 들어간다. 그리고 잘 안 되는 단계가 있으면 다시 동영상을 찾아 스킬을 연구하고 재도전한다. 때로는 스스로 게임 사용 동영상을 찍어 유튜브에 올리는 일도 한다.

이미 SNS의 흐름도 텍스트 위주에서 동영상으로 넘어가고 있고, 발 빠른 기업에서는 차세대 판매 채널로 동영상을 적극적으로 활용하고 있다. 이런 변화에 맞춰 크고 작은 상품 영상(예전의 광고와는 개념이 다른)을 제작해주는 업체들도 시장에 다양하게 등장하는 추세이다.

매체의 주인이 된 소비자

대면 판매 중심이던 과거에는 판매자나 판매 상점이 고객서비스의 주체였다. 이후 콜센터와 같은 온라인 인프라가 도입되어 서비스를 실행하는 주체가 되고 다양한 애플리케이션을 통한 고객 셀프서비스가 활성화되었지만, 그때에도 여전히 고객서비스 정책의 책임은 기업에게 있었다.

그런데 SNS로 대중의 영향력이 커지기 시작하면서 기업의 고객서비스는 고객의 영향을 받기 시작했고 기업 입장에서 설정해놓은 기준이 흔들리는 경우가 빈번해졌다. 특히 SNS로 전파되는 텍스트나 사진은 그만큼 강력한 증거이자 소비권력이 되었는데, 이 흐름은 이미 동영상으로 이동하고 있다.

동영상은 짧은 시간 안에 상품을 주인공으로 내세워 흥미와 재미, 유저들의 공감을 불러일으켜 고객 반응을 이끌어내고, 다양하고 개성 넘치는 연출로 구독자를 끌어들이고 있다. 여기까지는 그래도 전통적인 제품 간접광고(PPL, Product Placement)에서 변화된 양상일 뿐으로 보일 수 있지만 중요한 포인트는 바로 상품(평가)에 대한 전파력이 고객에게 넘어간 것이라고 할 수 있다.

모바일 통신의 발달과 저변 확대는 고객 한 명 한 명에게 작은 방송국, 작은 편집실, 작은 상점을 가지게 했다. 다시 말해 고객은 자신들이 느끼는 행복, 불만, 분노를 표출할 수 있는 매체를 손에 쥔 채 그들끼리 서로 연결되고 소통하며 정보를 주고받는 것이다. 대중들은 이제 서로 연결되어 있고, 그 방법은 동영상으로 이전하고 있다.

"보는 것이 믿는 것이다"라는 말이 있다. 문자나 사진은 전후 과정을 모두 표현하기 어렵기 때문에 해석의 여지를 남기지만 동영상은 보는 즉시 반응할 수 있는 강력한 매체이다. 유튜브의 강력한 힘이 바로 여기에 있다. 또 하나의 변화는 솔직하고 다양한 관점의 동영상이 많아졌다는 것이다. 과거에는 기업이 제공하는 영상물만 존재했다. 이들이 제작한 영상들은, 설령 의도적으로 부족함을 노출할지라도 결국에는 고객에게 긍정적인 이미지로 포장되어 전달되었다. 하지만 고객이 유통시키는 동영상에는 긍정과 부정 메시지가 솔직하게 담긴다. 그렇기 때문에 더더욱, 동영상 채널은 기업에게는 차세대 상품 판매 채널로 유용하지만, 다른 한편으로는 품질과 고객 소통에 더욱 신중하고 집중해야 하는 이유가 되고 있다.

전문가들은 융복합의 시대가 고객과 기업에게 많은 변화를 요구한다고 이야기한다. 고객과 관련된 융복합 영역은 고객의 반응에 따라 언제든 기업의 장점으로도, 단점으로도 전환이 가능한 시대가 되었다. 그간 기업만이 가질 수 있었던 일방적인 정보 전달 플랫폼을 이제는 고객들도 활용하고 있기 때문이다. 고객들은 언제든 서로 연결되어 각자에게 필요한 정보를 주고받을 수 있고, 단번에 수많은 사람들에게 자신이 가진 정보와 경험들을 노출시킬 수 있는 통로를 가지고 있음을 명심해야 할 것이다.

3장

고객서비스를 새롭게 정의하라

고객과의 유대를 팔다 : 자포스

서비스 혁신을 이룬 자포스

서비스 기획 담당자들은 새로운 혁신을 선보이는 기업 사례에 관심을 가지기 마련이다. 필자도 예외는 아니어서 신규 서비스 관련 소식을 들으면 바로 검색해보거나 직접 경험해보는 편이다.

어느 날 주변 사람들 입에서 '자포스(Zappos)'라는 이름이 자주 들리기 시작했다. 미국의 온라인 신발 판매 업체인데, 혁신적인 콜센터 서비스로 유명세를 타고 있다고 했다. 콜센터 서비스 기획과 운영 경험이 있던 필자는 솔직히 '달라 봐야 얼마나 다르겠어?'라는 생각에 크게 관심을 두지 않았다. 그도 그럴 것이 국내 대부분의 콜센터들은 자체적으로 펼칠 수 있는 서비스가 제한될 수밖에 없고 그나마 앞서가는 기업조차도 이벤트성 서비스 정도를 펼칠 뿐이었기 때문이다. 필자가 알고 있는 여타 콜센터 관리자들도 서비스 혁신과 운영 효율 향상이라는 과제를 안고 있고 실제 하고 싶은 일들도 적지 않지만 비용의 한계 탓에 고군분투하거나 현상 유지에 급급한 상황이었다.

"사랑합니다, 고객님"이라는 인사말로 한때 공전의 히트를 쳤던 KT 사례도 고객 머릿속 이미지 제고에는 성공했지만 진정한 서비스 혁신은 이루지 못했듯이 자포스도 크게 다르지 않을 것이라는 선입견이 필자의 머릿속에는 강하게 자리 잡고 있었다.

그런데 자료를 찾아보고 책을 읽어보니 자포스의 사례는 뭔가 다르다는 것을 알게 되었다. 일례로 이 회사는 고객이 원하는 신발이 없는 경우 타 회사를 뒤져서라도 찾아주고, 심지어는 신발과 상관없는 문의나 상담 요청도 최선을 다해 응해주었다. 게다가 이 같은 서비스를 창립 이래 꾸준히, 지속적으로 유지하고 있었다.

이런 서비스는 친절 교육 중심의 서비스 활동 개선이나 상담 직원 자체의 역량만으로는 불가능함을 잘 알고 있었기에 필자는 다른 요인이 분명히 있으리라 짐작했다. 그 뒤 자포스는 2009년 7월, 아마존에 인수 합병되었다. 아마존은 당시 최고의 인수 합병 금액 12억 달러를 지불했다. 자포스는 이제 서비스 혁신의 대명사가 되었다. 그들의 출발과 근본은 우리와 어떻게 달랐을까?

'와우'라는 감탄사가 나올 때까지

자포스를 이해하려면 먼저 최고경영자인 토니 셰이(Tony Hsieh)를 알아야 한다. 대만계 미국인인 1974년생의 젊은 그는 1999년 온라인 신발 쇼핑몰 자포스를 설립해 거대 기업 아마존이 탐내는 기업으로 키워낸 인물이다. 자포스는 독특한 기업 문화를 바탕으로 설립 후 1년 뒤부터 매년 급격한 매출 성장률을 달성했으며, '고객을 위해 극단의 서비스를 추구'하기로 정평이 나 있다. 그런데 자포스의 첫 설립자가 토니 셰이가 아니라 닉 스윈먼(Nick Swinmurn)이라는 사실은 그다지 알려져 있지 않다. 그들의 창업 스토리는 이랬다.

닉 스윈먼은 '에어워크' 브랜드의 신발을 사려고 많은 발품을 팔

자포스는 고객서비스를 비즈니스 모델로 삼아 신발이 아니라 '서비스'를 판매한다.

아가며 매장을 돌아다녔지만 원하는 신발을 구할 수 없었다. 당시는 미국에서 인터넷 열풍이 불던 1999년도로 무엇이든 인터넷으로 팔면 성공한다는 생각이 지배적인 시절이었고, 닉 스윈먼도 본인이 겪은 불편함이 인터넷을 활용하면 풀릴 것이라 생각했다. 그는 오프라인 매장이 공간의 제약으로 보유할 수 있는 신발 종류에 한계가 있지만 인터넷을 통해 판매하면 이런 한계를 극복할 수 있으므로 신발 유통 구조를 바꿀 수 있을 것이라고 생각했다. 스윈먼은 지인들을 설득해 투자금을 모았고 '슈사이트닷컴(Shoesite.com)'을 차렸다. 회사 설립 후 지속적인 자금이 필요했던 그는 투자자를 찾아다녔다. 그러나 기대와는 달리 투자자들은 인터넷을 통한 신발 판매를 부정적으로 보고 있었고, 결국 회사는 자금난을 겪게 되었다.

여러 투자사들에 거절을 당하던 스윈먼은 우여곡절 끝에 토니 셰이가 설립한 벤처 캐피탈 회사를 찾게 되었다. 토니 셰이도 처음에는 투자를 망설였지만 당시 400억 달러 규모의 미국 신발 시장에서 단 5퍼센트 정도만이 우편 주문으로 판매되기 때문에 시장성이 좋다는 스윈먼의 설명에 설득되어 투자를 결정하게 된다. 토니 셰이는 회사명인 '슈사이트닷컴'을 '자포스'로 바꾼 후 2000년에 공동 최고경영자로 경영에 참여했다. 그리고 2006년 닉 스윈먼이 회사를 떠나자 단독 최고경영자로서 오늘의 자포스를 만들어냈다.

자포스는 사업을 본격화한 2000년에서 2006년까지 600퍼센트의 매출 신장과 35퍼센트에 가까운 이익률을 달성했으며 2009년에는 12억 달러에 아마존에 인수되었다.

아마존의 최고경영자 제프 베조스(Jeff Bezos)는 '자포스의 고객 마인드와 일하는 분위기'를 아마존으로 확대, 적용시키고 싶었다고 한다. 이러한 자포스 성장의 핵심에는 그들이 추구하는 '와우(WOW)' 서비스가 있다. 이는 말 그대로, 고객의 감탄사가 절로 나오도록 최상의 서비스를 제공하는 것을 핵심 경쟁력으로 삼고 그들 스스로도 신발 판매 회사가 아닌 '서비스 회사'로 생각한다는 것을 보여준다. "Powered by Service"라는 문구는 이를 잘 대변해주고 있다. 자포스는 인터넷으로 신발을 판매하고 있었지만, 신발을 통해 그들이 고객에게 기여할 수 있는 것은 매우 한정적일 수밖에 없음을 알았다. 또한 유통의 본질적 관점에서 제품 품질은 제조사의 몫이었기에, 자포스는 일찌감치 차원이 다른 서비스 품질에 집중했다.

필요악을 핵심 경영 철학으로

자포스를 이용하는 고객들에게 잊지 못할 쇼핑 경험을 제공하는 것을 감탄사 'WOW'로 표현하는 그들에게 신발은 단지 고객이 그들을 찾게 하는 매개체일 뿐이었다. 자포스는 고객만족을 위해 그들의 서비스를 구매 전 단계, 주문 처리 및 배송 단계, 배송 이후 서비스 단계로 구분하여 연구하는 한편, 고객충성팀(Customer Loyalty Team)으로 불리는 콜센터를 적극 활용했다.

보통 콜센터 직원들의 성과 지표는 일정 시간 동안 얼마나 많은 콜을 소화했는지, 얼마나 친절하게 응대했는지가 중요하지만 그들은 얼마나 신속하게 전화를 받았는지를 중요하게 생각하고 관리했다. 또 상담 직원들에게 상당히 많은 권한을 부여하고 고객 불만이 발생한 문제는 상급 책임자의 의사 결정 없이 상담 직원 본인의 판단하에 해결하도록 하고, 신발에 관한 것뿐 아니라 그 어떤 상담도 적극 대응하도록 했다. 우리 식으로 말하면 고객과의 잡담도 문제 삼지 않고 오히려 권유하는 분위기이다. 이 부분이야말로 여타 기업의 콜센터와 구별되는 큰 차이라 생각되는데, 실제 여덟 시간 가까이 고객과 통화한 상담 직원이 모범 사례로 알려지기도 했다. 이런 사례는 최고경영자의 전폭적인 지원을 기반으로 한 전사적 체계(평가와 같은)가 연동되지 않으면 불가능한 서비스 모델이다.

최고경영자 토니 셰이는 "어느 기업이든 고객이 처음 한 번 상품을 구매하게 할 수는 있지만 반복적으로 구매하게 하는 것은 정말 어려운 일이다"라며, 경영의 핵심 지표를 재구매율로 정의하고 관리했다. 재구매율은 상품 품질과 서비스, 가격에 모두 만족해야 유지, 증가되는 특성을 가지고 있다. 그의 경영 철학은 2004년 40

퍼센트 수준이던 재구매율을 2008년에 75퍼센트 수준까지 향상시키는 결과를 가져왔다.

기업은 제조 품질과 영업 마케팅에 집중하고 고객이 가장 중요하다고 말한다. 하지만 고객과 접하는 영역, 예컨대 콜센터는 부가적인 부서라거나 비용 측면에서 필요악이라고 생각하는 경우가 많다. 하지만 자포스는 콜센터야말로 가장 효과적인 마케팅 방법이며 그들의 철학을 표현할 수 있는 핵심으로 활용했다. 자포스의 경영 철학은 서비스 그 자체였고, 기업 문화의 중심은 고객이었으며, 온라인 신발 판매는 수단이었다. 자포스는 고객서비스를 기반으로 혁신을 이루어냈고, 남들이 쉽게 따라 할 수 없는 비즈니스 모델을 만들었다.

우리는 성공한 기업, 혁신적인 서비스를 벤치마킹하고 장점을 흡수하려 많은 노력을 기울인다. 하지만 고객서비스를 근간으로 출발한 기업을 비용 절감과 수익을 우선으로 하는 기업이 벤치마킹한다고 해서 변화가 이루어지지는 않는다. 스스로를 바꾸고 혁신을 이루기는커녕 흉내를 내기도 어려울 것이다. 이 어려운 일을 자포스는 해냈다.

새로운 아이디어는 고객에게서 나온다 : 자라·애플

고객서비스에도 철학이 있다

세계적으로 성공한 기업들은 공통적으로 제품 차별성, 특화된 기술력, 또는 명확한 고객서비스 철학을 가지고 있다. 이 중 고객서비스 철학은 단순히 선언문에 그치지 않고 조직 내 시스템이나 프로세스와 유기적으로 연동되어 전사(全社)의 가치 사슬에 영향을 주도록 설계되어 있다. 현실적으로 보면 이들도 처음부터 모든 시스템을 설계해놓고 시작하지는 못했을 것이다. 규모가 커지고 회사가 성장해가면서 이에 대한 필요성이 대두되고, 긴 시간 동안 서비스 철학을 단계적으로 진행하거나 어느 시점을 중심으로 혁신적인 변화를 추구한 결과일 것이다.

그러나 기업이 가지고 있는 고객 마인드에 대한 방향이나 기초적인 철학이 바탕을 이루지 않고는 서비스 시스템이 성공을 담보하기 어렵고 오래가지도 못한다. 사업 초기부터 내재된 마인드가 점차 구체화되고 기업의 성장과 함께 만들어진 결과물이 되어야 하는 것이다.

항상 사업의 중심에 고객을 두고 고객 반응을 수집하고 소통하면서 고객 니즈에 대응할 수 있도록 생산, 관리, 물류 시스템을 유기적으로 운용하는 것만이 기업과 고객 가치를 높일 수 있는 유일한 방책이다. 그뿐만 아니라 선제적인 고객서비스 전략은 사후 고객 불만을 감소시키는 선순환 구조를 만들어줄 수도 있다. 고객서비스로 기업과 고객 가치를 높이고 선순환 구조를 만들어가는 대표적인 사례는 패션과 통신업에서 찾아볼 수 있다.

패션은 계절과 유행에 민감하고 고객들의 취향이 다양하기 때문에 생산과 물류가 원활하지 않으면 고객이 상품을 수용하고 구매하는 타이밍을 놓치게 되는 특성이 있다. 모바일 폰의 혁신 아이콘으로 회자되었던 애플사 또한 출시된 제품에 대해 지속적인 고객 모니터링과 소통을 통해 그들의 부족함을 메우며 한 발씩 나아가고 있다.

매장에서 얻는다 : 패스트패션의 선두주자 자라

먼저 '패스트패션(Fast Fashion: 빠르게 변화하는 유행에 맞춰 디자인을 빨리 바꿔 내놓는 의류. 가격이 저렴하며 패스트푸드에서 유래한 말이다)'의 대명사인 자라(ZARA)의 사례를 보자.

자라는 스페인의 아만시오 오르테가(Amancio Ortega) 회장이 설립한 인디텍스(Inditex)사의 패션 브랜드이다. 오르테가 회장은 일반 대중들이 접근하기 어려웠던 디자이너 제품을 저렴하게 공급하겠다는 서비스 철학으로 자라를 설립하고 디자이너 제품의 대중화를 이끌어낸 주역이다.

자라는 타 패션 업체들과는 다르게 주 2회 제한된 수량의 신제품을 생산하는 방법을 추진하면서, 고객들에게 희소성과 구매 욕

패스트패션 브랜드 자라의 패션 아이디어는 고객이 방문하는 매장에서 나온다.

구를 일으키는 전략을 추진했다. 여기에는 상당히 속도감 높은 디자인 작업과 생산, 물류 역량이 필수인데, 자라 본사에는 약 1,000여 명의 디자이너가 근무하면서 일 년에 일인당 평균 60여 개의 제품을 디자인하고 있다.

그러나 자라의 새로운 패션 아이디어가 디자이너의 머리에서만 창조되는 것은 아니다. 자라의 신속하고 발 빠른 제품 생산의 원천은 디자이너의 아이디어에 기반하지만, 디자이너들은 이런 아이디어와 발상을 주로 고객이 방문하는 매장에서 기본적으로 얻고 있다.

자라는 생산 출고된 상품의 일 단위 재고 판매 데이터는 물론 매장을 방문한 고객이 입고 있는 패션(색깔, 모양 등)과 고객이 요구하거나 언급하는 다양한 의류 관련 니즈를 수집하고 분석한 뒤 디자이너에게 공급한다. 디자이너의 창의성에만 기대지 않고 고객 인사이트(Customer Insight: 고객이 가지고 있는 잠재적인, 혹은 드러나 있는 모든 종류의 욕구와 속마음)를 반영했기에 자라의 상품들은 보다 친숙하게 고객에게 다가갈 수 있었다.

디자이너가 현장으로부터 수집된 다양한 정보를 바탕으로 고객을 읽어내고 짧은 시간에 새로운 디자인을 완성하여 제품 생산을 시작하는 시스템을 구축함으로써, 자라는 고객서비스 현장을 제품 디자인에 최대한 활용하여 빠르면서도 고객이 원하는 신제품을 생산할 수 있는 프로세스를 구축할 수 있었다. 고객에게 선택

될 수 있는 제품을 생산하자는 기본 정신을 지키며, 자라는 지금도 성장 가도를 달리고 있다.

고객에게 묻고 고객에게 듣는다 : 혁신의 아이콘 애플

뉴욕 애플(Apple) 매장에는 곳곳에 푸른색 티셔츠를 입은 애플사 직원들이 많은 고객들 사이에 군데군데 섞여 있다. 이들은 곳곳에 흩어져 고객들과 친근한 대화를 나누기도 하고, 애플 제품에 대한 상담이나 사용법을 가르쳐주기도 한다. 티셔츠만 아니라면 일반 고객과 구분할 수 없을 만큼 자연스럽게 고객과 섞여 있는 느낌이다. 하지만 이들은 단순히 고객 문의를 받고 설명해주는 역할만 하는 것이 아니다.

이들은 편안하고 친근하게 대화를 나누면서도 고객의 말과 행동 하나하나를 수집한다. 제품 문의 내용, 불만과 칭찬, 또는 대화 속에 묻어나는 제안성 아이디어 등을 이들이 수집해 본사에 보고하면, 본사는 이를 검토하여 다음 제품을 만들고 서비스를 보완, 개선하는 데 반영한다.

애플의 제품은 그 자체로 혁신의 아이콘이지만, 이들은 그 자리에 멈추지 않고 고객이 있는 현장에서 고객의 생생한 반응과 목소리를 지속적으로 수집하고 있다. 고객이 전화나 인터넷에 접속하여 문의할 때까지 기다리지 않고 기업이 적극적으로 현장에 침투

혁신의 아이콘인 애플은 매장에서 고객의 말과 행동을 수집해 제품 개발, 서비스 개선에 반영한다.

하여 보다 많은 정보를 이끌어내는 사례라 볼 수 있다.

위에 소개한 자라와 애플은 별도의 리서치나 고객만족, 제품 설문조사에만 의존하지 않고 자연스러운 고객 관계를 통해 기업이 서비스 가치를 찾아내는 활동의 좋은 사례이다. 또, 즉시성과 함께 전사 프로세스가 유기적으로 움직이는 순환 구조를 가지고 있다는 점에서 그 의미가 크다.

우리나라의 전자 제품 매장에도 애플사와 같이 유니폼 티셔츠를 입은 직원들이 배치되어 있다. 하지만 그들은 고객에게 적극적으로 다가가서 행동하는 서비스는 하지 않는다. 조용히 주위를 돌아다니다가 고객의 요청이 있을 때만 다가가 도움을 주는 도우미 역할에 충실한 느낌이고, 편안한 대화를 나누며 고객으로부터 진정성 있는 속마음을 끌어내기에는 어딘가 부족해 보였다. 대화를 꺼리는 일부 고객의 특성을 반영한 배려일 수도 있지만, 한 차원 더 나간 전략 전술이 아쉽다.

'잘못된 질문으로는 원하는 답을 얻을 수 없다'는 것은 누구나 알고 있다. 그리고 고객을 최우선으로 선언하는 기업은 차고 넘친다. 하지만 어째서 어떤 기업은 성공 사례를 만들어내고, 어떤 기업은 계속 도전만 하는 것일까? 고객서비스를 활용한 혁신은 얼마든지 가능하다. 고객을 단순한 서비스 대상으로만 보지 말고 기업에게 아이디어의 원천을 제공하고 개선의 방책을 제시할 대상으로 바라보자. 고객을 바라보는 관점을 바꾸어야 한다. 고객을 정성스레 관찰하며 읽어낸 기업의 서비스와 그렇지 못한 기업은 고객에게 다르게 보일 수밖에 없다.

기업의 가치 사슬을 알아야 고객서비스가 보인다

업무 프로세스를 머릿속에 정리하자

고객서비스 업무를 수행하는 후배들이 많이 하는 질문이 있다. 바로 "무엇을 공부하면 고객서비스 업무에 도움이 될까요?"라는 것이다. 그럴 때면 필자는 화이트보드나 백지 한 장을 주고 회사 업무 프로세스를 그려보라고 한다. 전사 프로세스가 어렵다면 자신의 업무를 중심으로 앞뒤의 업무 관계라도 그려보라고 한다. 자세히는 잘 몰라도 업무의 시작과 끝을 흐름으로 그리고 설명할 수 있기를 기대하면서 말이다.

유통업이면 상품 소싱에서 최종 배송 이후의 애프터서비스 및 불만 처리 과정을, 제조업이면 원자재 수급부터 제조, 유통 과정을 아무런 참고 자료 없이 그릴 수 있다면 그 다음부터 해야 할 것은 좀 더 명료해진다.

고객서비스 업무를 잘하고 싶다면 무엇보다 먼저 소속된 업의 본질과 특성 그리고 가치 사슬을 꿰고 있어야만 고객의 말과 요구 사항이 무엇인지 다룰 수 있기 때문이다.

유통 업계에서 이 같은 일련의 프로세스는 '풀필먼트(Fulfilment)'로 대표될 수 있을 것이다. 사전적 의미로 '(의무나 직무 등의) 이행, 수행 완수'라는 뜻의 풀필먼트는 온라인 유통 산업에서 고객의 주문에 맞춰 물류센터에서 제품을 고르고 포장하고 배송까지 하는 전 과정을 가리킨다. 1990년대 말 아마존에서는 물류센터의 이름을 풀필먼트 센터로 바꾸기도 했다.

필자도 선배, 상사들로부터 그런 훈련을 받았고, 그 덕분에 어

풀필먼트란 온라인 유통 산업에서 고객의 주문에 맞춰 제품을 선택, 포장, 배송하는 전 과정을 말한다.

느 업종을 접하든 큰 틀에서 업의 가치 사슬을 먼저 파악하고 나면 고객서비스에 관련한 접근이 쉬웠던 경험이 있다. 하지만 신입 사원은 말할 것도 없고 중견 직원들조차도 회사의 전체 프로세스를 얼개 수준이라도 그려가며 설명할 수 있는 사람은 손에 꼽을 정도였다. 그나마 본인이 담당하고 있는 업무에 한해서는 접근하지만, 최소한 알아야 할 본인의 바로 앞과 뒤의 업무를 설명할 수 있는 직원도 그리 많지 않았다.

신입 사원에게 이런 지시를 내리는 경우는 프로세스에 대한 이해 수준을 보고자 하는 것보다는 무엇부터 시작해야 하는지를 스스로 느끼게 해주려는 의도가 크다.

하지만 중견 직원들 정도 되면 최소 본인 업무와 연관된 전후 업무는 준 실무자 수준으로 알고 있어야 하고, 회사 전체로는 큰 프로세스 수준의 이해도는 있어야 한다. 특히 고객서비스 담당자라면 더욱 그렇다.

조금 더 들어가 보면, 고객서비스 담당자들이 고객들과 많이 접하게 되는 영역은 품질과 배송, 서비스와 관련된 분야의 문의와 요청이다. 고객의 구매 활동이 종료되면 고객 경험의 마지막 구간은 상품 품질 확인, 배송의 적정성 그리고 상품 사용과 관련된 고객 요구나 문의에 대한 기업의 처리 부분으로 마무리되기 때문이다.

변한 기업 환경, 고객서비스로 승부한다

몇 년 전부터 고객서비스 담당자들에게는 가치 사슬에 대한 이해뿐 아니라 IT 트렌드에도 많은 관심을 기울일 것이 강조되고 있다. 고객뿐만 아니라 기업 환경도 많은 부분이 전산화, 자동화되어 있고, 고객서비스의 많은 영역이 IT를 잘 활용할 때 좀 더 차별적이고 효과적인 서비스가 가능하기 때문이다. 가까운 미래에 필요한 고객서비스 전문가는 고객 상담/불만 처리 전문가나 고객 접점 관리자와 같이 좁은 고객서비스 영역에 머무르는 사람이 아니다.

최근 글로벌 성공 사례로 언급되는 기업들은 오래전부터 다방면의 인프라 투자 및 개선을 꾸준히 해왔다는 공통점이 있다. 우리가 잘 아는 아마존, 자라, H&M, 알리바바와 같은 기업들이 대표적이다. 특히 이들은 SCM(Supply Chain Management: 공급망 관리. 제품 생산을 위한 프로세스를 부품 조달에서 생산 계획, 납품, 재고 관리까지 하나의 통합망으로 관리하는 경영 전략 시스템을 말한다)과 같은 고객 접점 서비스 품질 향상에 많은 노력을 기울였음을 보여준다. 온라인 시대에도 고객 체감 만족도에 가장 큰 영향을 주는 것이 품질과 고객서비스, 배송 분야이기 때문이다.

상품 구입처와 상품 선택은 개별 선호도에 따른 고객 선택 권한이 강하다. 하지만 결제가 완료된 이후 구매의 마지막 마무리는 기업의 품질 관리와 물류 통제권으로 귀속되고, 여기서 얻는 경험으로 고객의 마음에는 만족과 불만족의 두 가지 결과가 남는다.

고객의 마지막 서비스 체감 구간인 품질, 배송, 사후 서비스는 최종 만족도에 미치는 영향이 크지만 고객이 먼저 접하게 되는 영업 마케팅에서 제공하는 서비스와 어긋나는 경우에는 신뢰를 회복하기 어렵게 된다. 그래서 가치 사슬의 유기적인 움직임이 중요한데, 이것이야말로 기업의 내공이라 할 수 있으며 신뢰 품질을 지킬 수 있는 마지막 구간이라고 할 수 있다. 과거에는 고객 체험이 부정적일 경우 해당 고객을 어떻게 관리하느냐가 중요했지만 모바일로 연결된 지금, 기업에 대한 불만 사항은 고객들끼리 공감을 이루고 연대하는 콘텐츠가 되기도 한다.

고객서비스 설계자의 조건

글로벌 성공 기업들이 가치 사슬의 고도화를 추진하면서 SCM 인프라와 고객서비스 관련 시스템에 많은 투자를 하는 이유는 근시안적인 매출과 이익 목표 달성보다는 고객 구매 행동 사이클에 대해 기업의 서비스 맵을 매칭시키고, 고객의 긍정 VOC를 통해 타 고객에게 영향력을 미칠 수 있는 선순환 생태계를 만들려는 것이다.

이제는 고객서비스 업무를 끝단 영역에 머무르게 하는 기업은 더 이상 경쟁력을 가질 수 없다. 최근 고객 접점은 무인화를 지향하며 많은 변화를 겪고 있는데, 이런 기조는 기업의 비용 효율화 기조와 맞물릴 때 더욱 가속화할 것으로 보인다. 자동화는 고객 셀프서비스와 인공지능 기반의 자동화 서비스가 공존하면서 인원의 투입을 극소화하며 비용 효율을 극대화할 것이다. 또한 고객은 자동화된 상품 탐색과 구매 과정에서 IT와 마케팅, 고객서비스 전문가들이 정교하게 설계하여 구매 과정에 녹여놓은 많은 서비스 프로세스에 노출되는 경험을 가지게 될 것이다.

서두에 언급한 것처럼, 앞으로의 고객서비스 전문가는 운영 관리자가 아닌 고객서비스 설계자로 거듭나야 하고 그 출발은 기업 내부 프로세스와 IT에 대한 지식을 기반으로 시작해야 한다. 그리고 그 방향은 사후 성격의 고객 VOC 개선보다 고객의 커뮤니티에 영향을 미칠 수 있는 선순환 체계를 구축하는 데 두어야 한다.

이제는 VOC 접수 처리가 아닌 고객 커뮤니케이션에 영향을 미칠 수 있는 고객서비스 전략이 필요하다. 고객 행태를 단계별로 분석하여 고객 문제나 불편을 느낄 때 확실하게 연결될 수 있는 고객서비스 구조화와 함께 상품, 구매 프로세스에 서비스를 녹여낼 수 있는 고객서비스 설계자가 그 어느 때보다 절실히 필요한 때이다.

마케팅하지 않고 고객을 끌어들이는 방법

더 이상 경쟁하지 말자

인터넷을 열고 습관처럼 고객서비스 관련 검색을 하던 어느 날, 정치와 연예 기사로 둘러싸인 검색창에 키워드를 입력하며 특별한 소식이 없나 살펴보던 내 눈에 'SK매직의 안심OK 서비스 브랜드'라는 기사가 눈에 띄었다. SK매직은 가전제품 렌털 사업을 하는 회사이다. 경기가 불황일 때 렌털 사업이 활황이었음은 먼저 겪은 일본의 사례로도 알 수 있는데, 우리나라도 저성장 시대로 진입하면서 소유가 아닌 사용으로 고객의 소비 패턴이 변화하고 있다.

몇몇 대기업은 이미 렌털 시장에 진입해 치열한 홍보와 고객 유치에 노력을 기울이고 있는 상태라 필자 입장에서는 그냥 '또 광고용 서비스가 하나 만들어졌구나' 정도로 여겼다.

하지만 기사 제목에 '브랜드'라는 글자가 유독 필자의 호기심을 자극했다.

'서비스 브랜드라니?'

2017년 출간된 《블루오션 시프트》(김위찬·르네 마보안 지음, 안세민 옮김, 비즈니스북스)는 '경쟁 없는 새로운 시장으로 이동하는 법'에 대해 설파한다. 2005년에 출간해 베스트셀러에 오른 《블루오션 전략》(김현정·이수경 옮김, 교보문고)의 후속작인 이 책에서, 저자들은 기업들에게 더 이상 경쟁 우위를 확보하기 위해 블루오션을 찾으려 하지 말고 경쟁이 무의미한 시장을 만들어내 이동하라고 충고한다. 바로 '블루오션 시프트', 즉 블루오션 전략을 채택해 목적지로 직접 이동하라는 것이다.

필자는 지금껏 많은 고심 끝에 충동적으로 어떤 상품을 구매해 놓고, 여러 이유로 인해 구매한 상품은 물론이고 상품을 제작한 브랜드에까지 실망하는 고객들을 많이 봐왔다.

고객이 브랜드에 실망하는 이유는 상품 자체의 품질 문제나 배송 과정에서 발생한 오류, 또 구매 과정에서 겪은 불편함 등 다양하다. 브랜드에서 가장 중요한 품질뿐만 아니라 그 구매 과정의 모든 경험에 대한 의식적, 무의식적 고객 기대 수준이 구매 후 만족도에 영향을 미치기 때문이다. 때로는 고객을 끌어들이는 화려한 마케팅과 전체를 고려하지 못한 경쟁 우위 확보 전략이 역효과를 나타내는 경우가 발생하기도 한다. 안타깝지만 이런 경우는 효율과 비용을 우선으로 목표 달성에 집착하는 기업일수록 다반사로 발생한다.

이용자의 경험까지 설계한다

우리는 한정된 시장에서 유사한 상품을 가지고 할인과 한정된 고객 혜택 그리고 고객이 필요한지 아닌지도 모를 제품의 기능을 홍보하며 이것이 차별화라고 생각하는 것은 아닌가 생각해볼 필요가 있다. 이런 면에서는 《블루오션 시프트》에서 제시한 내용이 향후 소비 시장에서 기업이 지향해야 하는 방향성이 될 수 있다고 생각한다. 앞으로는 시장의 변화에 맞게 '마케팅을 하지 않아도 구매자를 끌어들이는 방법'을 연구해야 한다. 이는 마케팅을 불신하거나 하지 말라는 이야기가 아니다. 다만 상품을 사용해본 사람들 스스로가 칭찬하게 되는 제품과 서비스에 집중하자는 것이다.

우리는 스티브 잡스(Steve Jobs)의 아이폰을 스마트폰의 혁신으로 기억한다. 필자는 아이폰을 써보기 전까지는 S사의 모바일 폰만을 줄곧 사용했다. 때마다 최신 모바일 폰을 사고 포장 박스를 열어보면 다양한 서비스 액세서리와 두툼한 매뉴얼을 접할 수 있었고, 며칠간은 사용법을 익히는 데 시간을 소모해야 했다. 하지만 유명한 스포츠 선수를 광고 모델로 하던 S사의 제품을 첫 스마트폰으로 구매한 후 불편함과 운영 체계의 결함에 너무 실망해 결국 환불을 했고 그 뒤로 다시는 S사의 스마트폰은 사용하지 않고 있다. 반복되는 결함으로 서비스센터를 드나들며 받은 스트레스도 스트레스였지만, 환불을 하게 되는 그 과정이 너무나 짜증이 났다. 서비스센터의 기술자는 운영 체계를 업그레이드하면 이상이 없을 거라고 했지만 이상 증상은 반복되었고, 똑같은 증상이 세 번 이상 발생되면 오라고 했던 기술자의 말에 따라 다시 센터를 찾았을 때는 정작 테스트에서 이상이 발견되지 않아 수리를 받지 못했다.

서비스센터의 기술자도 더 이상은 해줄 수 있는 것이 없다고 했다. 그러면서 스마트폰을 매일 껐다가 다시 켜서 사용하라는 '팁'을 알려주었다. 이 같은 임기응변은 고객서비스 업무에 종사하는 사람으로서도 이해 안 되는 대응이었다. 필자는 결국 이상 증상이 나타날 때 지인의 폰으로 동영상을 촬영해 들이밀고서야 겨우 환불 절차를 밟을 수 있었다. 이것이 S사의 정책인지 서비스 대리점의 정책이었는지는 모르겠지만 결론은 고객의 마음을 돌이킬 수 없게 만들고 말았다.

이후 주변 지인들 사이에 좋다고 소문난 아이폰을 구매했다. 처음 접한 애플의 상품은 깔끔한 박스 안에 사용 매뉴얼도 없이 스마트폰과 전원 장치로만 이루어져 있었다. 내용물이 뭔가 허전할 정도였다. 하지만 매뉴얼 없이도 폰이 이끄는 대로 따르다 보면 사용하는 데 불편함이 없는 굉장히 직관적인 인터페이스 경험은 놀랍기만 했다(다만, 아이튠즈는 적응이 어려웠다). 지금 돌이켜보면 제품의 혁신은 물론이고 사용자의 이용 경험까지 설계한 전략이었다는 생각이 든다.

'비(非)고객'에 집중하라

《블루오션 시프트》는 사용자의 이용 경험을 고려한 사례로 '에어프라이어'를 꼽는다. '에어프라이어'는 시장이 고객 중심의 브랜드를 만들어나가야 한다는 점을 역설하는 대표적인 사례

에어프라이어는 튀김기를 외면하던 비사용 고객에게 주목한 새로운 방식의 튀김기다.

이다. 기존의 튀김기는 많은 양의 기름을 사용하기 때문에 이를 기피하는 고객군이 명확했다. 건강에 좋지 않다는 이유로 기름진 조리 방법을 싫어하거나 뜨거운 기름을 다루다 보면 자칫 사고가 발생할 위험이 높아 제품을 꺼리는 고객층이 분명히 존재했다. 이럴 때 주방 가전을 생산하는 기업의 일반적인 접근 방식은 튀김기를 사용하는 고객을 중심으로 제품의 성능을 개선하거나 안전장치를 추가하는 등 기능 향상에 초점을 맞추어 경쟁력을 높이는 데 집중하는 것이다.

그러나 업계는 새로운 방식의 주방 가전을 내놓으며 시장에 대응했다. 기름진 튀김기를 외면하던 비사용 고객에게 주목해 발상을 전환한 제품을 개발한 것이다. 이렇게 해서 나온 것이 '에어프라이어'였다. 에어프라이어는 기름 없이 뜨거운 고온으로 바삭한 튀김 요리를 만들 수 있었다. 기존의 튀김기 시장을 벗어나 새로운 시장이 있는 블루오션으로 이동한 것이다.

이 사례에서 알 수 있듯, 기업 관점의 상품에만 집중하지 않고 먼저 고객을 관찰하고 살펴본 후 제품을 바라보면 그동안 보이지 않던 시장이 있는 블루오션으로 이동할 수 있다. 더욱 매력적인 것은 경쟁이 없는 시장을 확보할 수 있다는 것이다.

이런 점에서는 평가 지표도 다시 고려해야만 한다. 고객만족도에 대한 단순 접근보다 입소문으로 이어질 수 있는 브랜드 옹호율(BAR)에 관심을 가져야 한다. 상품별, 브랜드별로 고객과의 많은 소통이 필요하고 온·오프라인을 막론하고 브랜드에 대한 자발적인 고객 언급이 증가해야 한다. 하지만 고객이 상품을 구매하고 사용하는 과정에서 브랜드 자체에 던지는 질문이 많아지는 것은 긍정적인 측면으로 보기 어렵다. 이는 브랜드가 고객에게 주는 메시지가 불명확한 것으로 고객서비스 업무에서 접근해야 하는 새로운 영역이기도 하다. 고객서비스는 고객과 기업의 친밀도를 높이는 활동으로 브랜드에 대한 옹호를 높일 수 있는 효과를 가지는데, 마케팅과는 다른 접근이 가능한 고객서비스는 디지털 환경에서 기업 경쟁력을 강화하는 한 축이 될 수 있다고 생각한다.

많은 기업이 고객서비스 영역을 '비용'으로 바라보고 항상 절감의 대상으로 바라보는 관점이 우세했지만 디지털 시대의 고객서비스는 더 이상 비용의 영역으로 취급해서는 안 된다. 고객 가치를 높이는 고객서비스는 비용을 필요로 하는 것이 아니다. 오히려 고객의 만족 포인트를 적확하게 찾아내고 브랜드의 메시지가 잘 전달될 수 있는 고객 경험 설계를 가능케 하는 영역이다. 상품과 브랜드에 고품질의 서비스를 녹여냄으로써 매출에 기여하는 방법을 제시하는 훌륭한 무기가 바로 고객서비스임을 명심해야 할 것이다.

연결성의 시대, 고객은 통제 가능한 대상이 아니다

정보통 고객들의 시대

어린 시절 필자는 유명한 연예인이 광고에 나와 말하는 내용이 진짜 연예인의 속마음에서 나오는 말인 줄 알았다. 그래서 좋아하는 연예인이 선전하는 상품이 실제로 맛이 없거나 광고와 다르게 생겼으면 괜히 그 연예인도 미워지고 배신을 당한 것 같았다. 지금 생각하면 어린아이의 순진하고 어수룩한 모습이지만, 그때만 해도 사람들은 TV에 나오는 광고는 믿을 만하다고 여기는 게 보통이었다. 텔레비전이 거의 유일한 정보통이었기 때문이다.

정보를 가진 자가 권력을 가지는 것은 예나 지금이나 변함이 없어 보인다. 과거 고객들은 주로 기업이 노출하는 정보에 전적으로 의존할 수밖에 없었고, 간혹 불만족스러운 일이 생겨도 주변 지인

몇 명에게만 털어놓는 것으로 끝났다.

그러나 21세기의 고객은 달라졌다. 지금의 고객은 자신이 취하고자 하는 상품을 적극적으로 검색하고 최대한 정보를 끌어모은다. 이들에게 기업이 제공하는 정보는 참고 자료에 불과하다. 고객들은 이제 실제 사용자나 그 분야의 전문가를 찾아내 궁금한 점을 묻는 수준까지 가 있다.

커뮤니케이션과 네트워킹 방법이 발달하면서 정보의 유통 체계도 바뀌었고, 이에 따라 자연스럽게 소비 스타일도 변했다. 특징적인 것이 있다면 과거에는 기업의 일방적인 정보에 의존했다면 지금은 타 소비자의 경험과 의견에 많이 의존한다는 점이다. 물론 최종 판단은 구매자 스스로 한다지만 최종 구매 결정 단계에서는 역시 타인 의견이 큰 비중을 차지한다.

여러분도 처음 접하는 상품일 경우 핸드폰이나 인터넷을 열고 상품 검색과 함께 상품평을 찾아본 경험이 있을 것이다.

이처럼 구매 스타일이 바뀐 시대에 기업은 성장을 위해 어떤 변화가 필요할까?

쇼루밍족과 역쇼루밍족의 역습

2000년대 초반, 동료들과 술자리를 하다 보면 단골로 술상에 오르는 주제가 있었다. 당시 필자는 회사에서 기획 업무를 담당하고 있었고 벤처기업 붐을 타고 IT 산업이 비약적으로 성장하던 때였는데, 그날의 토론 주제도 그와 관련된 것이었다.

우리는 '경영의 필요성이 IT를 선도하는 것인지, IT 발달이 경영을 선도하는 것인지'를 놓고 설전을 벌였다. 그도 그럴 것이 당시에는 전사적 자원 관리(ERP, Enterprise Resource Planning: 회사의 모든 정보뿐만 아니라 공급 사슬 관리, 고객의 주문 정보까지 포함하여 통합적으로 관리하는 시스템) 시스템이나 고객 관계 관리(CRM) 시스템, 활동 기준 원가 계산(ABC, Activity Based Cost: 수익 창출 과정에서 원가가 발생하는 원인을 체계적으로 분석하여 자원과 활동 및 제품 사이의 인과 관계에 따라 원가를 배분함으로써 정확한 개별 제품 원가를 계산하는 원가 계산 방법) 시스템 등 기업 운영 혁신과 효율성 제고에 탁월한 효과를 가져다준다는 시스템의 춘추전국시대였기 때문이다. 대기업은 대기업대로 중소기업은 중소기업대로 컨설팅 업체에서 내놓는 장밋빛 비전과 효과성을 믿고 다양한 시스템을 도입하던 때였다. 시스템만 도입하면 모든 것이 다 좋아질 것 같았지만, ERP 시스템을 제외하고는 그 당시 유명했던 브랜드들은 지금 자취를 감춰 존망을 알기 어려운 지경이다.

하지만 현재를 기점으로 볼 때 당분간 세상의 변화는 IT가 선도할 것이고, 우리는 이전에 겪어보지 못한 새로운 경험을 하게 될 거라 생각한다. 특히 IT가 선도하는 분야가 기업 경영의 영역을 넘어 우리의 생활환경을 바꾸어놓고 있기에 그 영향력은 2000년대와는 비교가 되지 않을 것이다. 이제껏 온라인과 오프라인을 구분하여 각각의 운영 전략을 구사했다면, 앞으로는 옴니채널 중심의 고객 구매 경험 관리와 연결성을 매우 중요하게 다루는 전략을 펼쳐내야 할 것으로 보인다.

몇 년 전 업계는 새로운 고객층 '쇼루밍족(Showrooming)'의 등장으로 달라지는 소비문화를 맞닥뜨렸다. 쇼루밍족은 오프라인 매장에서 실물 상품을 만져보고 확인한 뒤 온라인을 탐색해 싸게 구매하는 사람들을 일컫는 용어이다. 그런데 지금은 고객이 오프라인 매장에서 모바일 검색을 동시에 하면서 상품평과 가격을 조회한 뒤 매장 직원과 협상을 벌이는 '역쇼루밍족'도 생겨났다고 하니, 온·오프라인의 공존을 실감하지 않을 수 없다.

인간과 인간의 연결을 강화하자

지금까지 기업은 통제가 가능한 범위 내에서 고객 커뮤니케이션을 유지할 수 있었다. 그러나 자생적으로 형성되는 고객 간 커뮤니티는 기업이 통제할 수 있는 영역을 벗어났고, 이슈가 발생하면 빠른 속도로 확산되어 대형화되는 특성을 보이고 있다. 이제는 상품과 서비스의 결함을 개별적으로 처리하고 넘어가는 것이 불가능한 시대가 된 것이다. 모바일을 통한 고객 간 연결성은 언제든 개인이 대중의 집단지성을 활용할 수 있기 때문에 시행착오를 최소화할 수 있고, 이 경험은 또 다른 고객에게 전이될 수 있다.

그래서 필자는 기업이 고객 간 연결되어 형성되는 소비자 권력과 현명하게 소통하기 위해서는 영업과 마케팅적 접근과 함께 고객 경험을 잘 관리하여 사전 사후 커뮤니케이션에 영향을 줄 수 있어야 한다고 생각한다. 고객서비스 영역을 전략적으로 활용하는 것이 효과적이라는 것이다. 고객 간에 나누는 커뮤니케이션 내용은 상품 품질이 될 수도 있고, 사용 후 만족·불만족이 될 수도 있지만 적어도 강한 불만을 토로하지 않도록 고객 경험을 관리해야 한다.

이를 위해서는 고객서비스가 상품 속으로, 고객의 경험 환경 속으로 스며들어 고객이 느끼지 못할 정도의 일상생활처럼 제공되도록 설계되어야 한다. 그리고 고객 대화가 불만보다는 긍정적인 이야깃거리를 만들어내는 방향을 지향하도록 해야 하는데, 아마존고가 지향하는 서비스가 이를 대표하는 실제 사례라고 볼 수 있다.

아마존고는 상점에서 상품을 구매하는 기존의 고객 활동 방식에 영향을 주지 않으면서 결제 과정은 생략하여 편의성을 높이고 있다. 최고의 고객 경험을 제공하고 이를 통해 기업 성장의 원동력을 삼고자 한다면 우선 온라인과 오프라인의 공존을 이해하고, 마치 같은 환경에 존재하는 것처럼 연결되는 환경을 구축해야 한다.

서비스업에서 기술 발전은 서비스의 자동화와 무인화를 향해 가고 있지만 완결성 측면에서는 아직 시간이 필요하고, 그 끝단에 있는 대상은 '감성을 가진 인간'이라는 것을 잊지 말아야 한다. "고객서비스는 고객에게 도움이 되어야 한다는 전제에서 보면 고객의 불편함이 자동화, 무인화로 해결되는 것에는 한계가 있다"라고 말하는 자포스 경영진의 말을 되새겨볼 필요가 있다.

이제는 고객을 대상으로 하는 기업 메시지나 정보의 노출 빈도가 높다고 해서 기업의 영향력이 커지지는 않을 것이다. 경쟁 환경에서 강력한 차별화 포인트를 한두 가지라도 지니고 업종의 환경 특성에 맞는 중요 고객 접점을 정의한 후 고객과 의미 있게 연결되는 것이 더 중요해졌다. 기업이 우선시하는 효율과 생산성을 높이려면 기계와 기계의 연결이나 인공지능의 활용이 가장 효과적이겠지만, 구매를 일으키는 소비자와의 관계 강화는 인간과 인간의 연결을 더욱 강화하는 것이 훨씬 효과가 높으리라고 생각한다. 디지털 시대에는 고객 경험과 감성에 기반한 자발적 추천에 관심을 두어야 하기 때문에 온·오프라인에서 인간의 감성을 관리해주는 고객서비스의 활동이 더욱 중요하다는 것이다. 연결성의 시대에 고객서비스 영역은 더욱 부각되고 강력해져야 한다.

4장

전략적 고객서비스로 시장을 선점하라

고객의 불필요한 노력을 최소화하라

고객의 시간을 아껴라

고객서비스 분야에서 입버릇처럼 말하는 '고객 관점', '고객만족'은 무엇이라고 설명할 수 있을까?

고객을 만족시켜야 할 포인트가 무엇인지 정의가 가능한 기업은 시장에서 경쟁력을 가질 확률이 높은 기업이다. 기업이 추구하는 고객만족을 스스로 설명할 수 없거나 무엇에 집중해야 하는지를 객관적으로 설명할 수 없다면 나침반도 없이 언젠가 육지에 닿길 바라는 배와 같다.

우연성을 기반으로 하는 고객 감동의 순간과 달리 고객만족은 기업 의도와 노력에 따라 만들어질 수 있다. 또한 품질 관리 방법에 따라서는 지속적으로 유지될 수도 있다. 그래서 경영 가치관에 따른 고객만족 추구 전략은 정신 무장을 위한 구호로 그치지 말고 보다 구체적이고 입체적인 노력이 필요하다. 고객만족은 고객이 상품과 서비스에서 느끼는 가치와 영향 요소를 정의하는 것에서 출발해야 한다.

고객 입장의 가치를 정의하지 못한 기업(고객서비스 담당자)에게 '고객만족'이나 '고객만족도를 향상시킨다'는 일은 뜬구름 같은 이야기일 뿐이고, 무엇을 해야 할 것인가를 고심하느라 많은 시간을 소비하게 될 것이다. 결국 뿌리나 몸통에 대한 접근보다는 평가받는 실적 목표 달성을 향해 '신규 서비스'라는 가지들을 무작정 펼쳐 나갈 공산이 크다.

필자 또한 고객서비스 현장에 속하면서 '고객만족 1등'이라는 절대 절명의 목표를 향해 서비스 정책을 개선하고 신규 서비스를 만드는 등 숱하게 고객 대응을 했지만 '어떤 서비스를 해야 고객이 만족하고 무엇을 목표로 가져야 할까?' 하는 고민은 항상 풀리지 않는 숙제였다.

그런 고민의 과정을 거치며 고객 VOC를 분석하다 얻은 힌트가 '고객의 시간'이었다. 고객이 재화를 지불하고 상품을 획득하는 데 '선택을 위한 시간을 덜 쓰게' 하고, 무조건 빠르게 하기보다는 '불필요한 시간을 덜 쓰게' 하는 것, 고객이 가진 문제를 신속히 해결해서 '추가로 시간을 쓰지 않도록' 해야 한다는 것이다. 좀 거창하게 말하면 고객서비스는 고객의 삶을 어떻게 하면 더 '간편'하게 해줄 수 있는지를 지향해야 한다는 것으로, 고객은 상품을 구매하는 과정의 즐거움에 집중하도록 하고 그것에 충분한 시간을 쓰도록 하되 스트레스 받을 만한 일에는 시간을 쓰지 않도록 해야 한다는 말이다.

현장 경험이 풍부한 한 전문가는 이를 '고객만족=품질−가격'이라는 공식으로 정의했는데, 이는 상품 품질 대비 지불한 비용의 차이에서 느끼는 감성적 차이가 고객만족 수준이 된다는 것이다. 이 정의로 뜬구름 같던 고객만족의 정의가 좀 명쾌해졌지만, 다년간 현장에서 경험한 고객만족 상황을 이것으로만 설명하기에는 뭔가 부족했다.

필자는 스스로의 경험에 대해 설명 가능한 '고객만족 정의'가 필요했고, 여러 고객 상황들을 접하며 아래와 같은 결론을 내리게 되었다.

고객만족=품질−가격−고객의 불필요한 노력(시간, 비용)

상품과 가치를 같이 산다

고객이 느낄 수 있는 가치는 원하는 상품과 서비스를 획득하는 데에 확실한 품질을 전제로, 합리적 가격을 지불하고 불필요한 고객 노력이 발생하지 않을 때 확보가 가능하다. 기업은 영업 활동으로 이윤을 남기고 운영 효율화를 통한 수익 극대화로 기업 가치를 높이는데, 고객이 필요로 하는 가치도 같은 구조를 가지고 있다.

상품을 구매한 고객에게는 '가치 만족'이 남아야 한다. 하지만 구매 전후로 고객이 원치 않는 노력(시간과 비용)이 발생할 경우 스트레스나 불만이 남는 것이다. 기업에게는 수익이라는 측정 가능한 수치가 남고 고객은 지불한 비용에 대한 감성적 느낌이 남는데, 고객에게는 긍정/부정이라는 형태의 '고객만족'이 남는다는 점이 다르다.

여러분이 필요한 상품이 있어 비용을 지불하고 물건을 구매했는데 막상 사용해보니 기대 이하의 품질임을 알게 되었거나, 품질은 마음에 들었지만 좀 비싸다고 느껴지는 순간이 만족과 불만족을 가르게 된다. 소위 '돈 아깝다'는 생각이 만족의 여부를 좌우하는 것이다.

이렇게 만족감이 떨어질 경우, 소비자는 그냥 참고 사용하거나 구매처와 커뮤니케이션을 통해 불만을 표현할 것이다. 하지만 이 과정의 경험이 매끄럽지 않으면 줄어든 만족감은 강한 불만으로 금세 바뀌게 된다.

한때 불만 고객들이 유행처럼 쓰던 말이 있다. "물질적 보상은 당연하고 정신적 보상은 어떻게 할 거냐?"라는 요구나, 일부 고객의 “불만 처리에 소요된 내 시간을 보상하라”는 VOC가 그것이다. 실제 한 고객은 온라인 상담으로 문제 해결이 되지 않자 본사를 방문해서 자신의 일당을 요구하기도 했다.

고객의 추가 노력 유무가 만족에 영향을 미치는 VOC 사례는 일상적인 배송 문의에서도 쉽게 찾을 수 있다.

“내가 먼저 연락해야만 알려주나요? 그나마도 잘 모른다고요? 죄송하면 다예요?”

반대로 상품을 받았을 때 기대보다 품질이 훌륭하거나 품질 대비 가격이 좋다고 느껴지면 만족도는 최소 ‘유지’ 또는 ‘상승’한다. 고객의 추가 노력 비용도 발생하지 않고 불만이 생길 기회도 없으니 고객은 가치를 가진 거래였다는 감정이 남기 때문이다.

흥미로운 것은 기업 규모나 전문성에 따라 고객의 기대치가 달라지고, 만족도의 차이에도 영향을 미친다는 것이다.

“나는 대기업(또는 전문기업)이라 믿고 샀는데 상품(서비스)이 이게 뭡니까?”라거나 “당신네 회사는 이런 일만 10년째인데 이런 것 하나 제대로 못 합니까?”라는 식의 항의를 하는 고객들은 조금 비싸도 대기업이나 전문 기업에서 구매한 것을 하나의 가치로 여기는 이들이다. 상품 자체보다는 구매 안정성을 중요하게 생각하는 것이다. 대기업은 상품(서비스)의 사전 품질관리가 중요하고 중소기업은 후처리의 안정성을 확보해야 하는 이유이기도 하다.

맞춤 상품을 찾아 노출한다

고객서비스 업무를 담당하다 보면 고객이 '생각만큼 합리적이지 않다'는 것을 느끼게 된다. 이상하게 들릴지 모르지만 사실이다. 상품을 살 때, 상품 관련 문의를 할 때, 문제가 생겨 불만을 터뜨릴 때 고객은 각각 성향이 달라진다. 그럴 때면 고객은 이성보다 감성의 영역에 속해 있는 존재라는 사실을 강하게 실감하게 된다. 그렇기에 기업은 더욱 기본에 충실하고 고객을 이해하며 고객이 손해 보지 않도록 해야 한다. 그렇게 해야만 고객들이 우리 기업을 다시 찾게 만들 수 있다.

고객만족을 추구하는 담당자는 기본적으로 세 가지를 명심하면 좋다.

첫째, 상품(서비스) 품질 만족이 고객이 지불하는 재화 가치보다 커야 한다.

둘째, 상품 구매 이후 고객의 불필요한 시간과 노력이 소모되지 않도록 해야 한다.

셋째, 상품(서비스)의 탐색과 구매/상담 과정에 드는 노력은 합리적이어야 한다.

좋은 서비스는 반드시 제공자의 관점이 아닌 수혜자의 관점에서 설계되어야 한다. 고객이 지불한 비용보다 품질이 높다고 느낄 때 우리는 이것을 '가치 만족'이라 표현할 수 있고, '가치 만족'이 높아질수록 고객만족도는 높아진다. 반대로 품질 대비 비용이 더 높다면 이는 바로 불만족으로 넘어간다.

'품질과 가격'의 영역이 영업/마케팅의 담당이라면 나머지는 고객서비스 영역이라고 정의해야 한다. 고객이 상품 구입을 통해 '가치 만족'을 얻었다 해도 추가적인 고객 노력(시간, 비용)이 부가될 경우 만족으로 표현되는 '가치 만족'은 '불만족'으로 전환된다. 그래서 가능하다면 고객이 추가로 투입하는 불필요한 노력은 비용으로 산정되는 게 좋다. 실제 기업이 운영하는 '고객 보상 비용'은 불필요한 노력에 대한 보상 비용으로 볼 수 있지만, 이것을 어떻게 운영하고 관리해야 하는지에 대해서는 깊은 고민이 필요하다.

고객만족을 정의하기 위해서는 무엇보다 고객 편익을 향상시키는 요소가 무엇인지를 알아야 한다. 동시에 고객의 비용 감소를 목표로 해야 한다. 기업도 고객 편익 제고 활동에는 많은 관심을 가지고 있지만 고객의 상품을 구매하는 과정에서 불필요하게 소모되는 노력을 감소시키는 활동은 아직 미진해 보인다.

여기서 고객서비스 업무 경험이 있는 분들은 반론을 제기할 수도 있을 것이다. 회사 관점의 고객 정책은 매뉴얼로 기준 설정이 가능하지만 고객 노력은 개인적 상황별로 다르다. 그래서 고객마다 가지고 있는 기대치를 만족시키기란 어렵고, 고객 노력을 찾아내어 비용화하고 개선하는 것이 불가능할 수도 있기 때문이다.

필자도 이 점에서는 어려움을 느껴보았기에 공감할 수 있고, 그 방안을 VOC와 CRM의 융합에서 찾아보고자 했다.

최근까지 CRM은 개인화라는 관점이 화두였다. 빅데이터에 기반한 고객 성향을 분석하여 개인에게 최적화된 상품을 노출하여 매출을 유도하는 것에 중점을 두고 있다. 위치, 장소, 결제 금액, 구매 내역, 인구통계학적 데이터를 분석하여 고객에게 적합한 상품을 노출하는데, 이는 인공지능을 통한 자동화 제안으로 이어지는 추세이다. 필자는 VOC와 CRM 데이터의 융합으로 고객별 기여도와 고객 경험을 추적하고 데이터화하여 고객 노력을 측정하는 데 이용하고 싶었다. 가능성은 보았지만 모델로까지 완성되는 것을 보지 못한 것은 필자에게 매우 아쉬운 경험으로 남아 있다.

고객서비스에서 마케팅 전략이 나온다

영업, 마케팅, 고객서비스는 한 차에 타야 한다

기업 운영에서 가장 중요한 것이 무엇이냐고 묻는다면, 필자는 주저 없이 영업력이라 말할 것이다. 기업에서 중요하지 않은 부서는 없지만 장사든 사업이든 팔아서 남겨야만 시장에서 살아남고 미래를 바라볼 수 있기 때문이다.

영업은 팔 것이 있어야 하고 팔 곳이 있어야 한다. 그리고 그것을 필요로 하는 사람이 있어야 한다.

뛰어난 기술이나 상품이 있어도 판로가 없으면 사업을 일으킬 수 없고, 창고에 제품이 가득 쌓여 있어도 이를 필요로 하는 사람이 없다면 그걸로 끝이다.

이처럼 일단 팔고 이익을 남겨 살아남는 것이 기업의 원초적 생리이므로 이를 담당하는 '영업'이 그 무엇보다 중요하게 여겨지는 것은 당연한 일이다. 사업 초기에는 어떻게든 살아남는 것이 중요하다. 그러나 기업의 영속성과 성장을 위해서는 고객과 함께하는 순환 고리, 즉 '고객의 자율 선택으로 기업을 찾아오게 만드는 것'이 필요하다. 이는 무조건 팔아서 살아남기를 우선해야 하는 스타트업 기업에도, 안정적인 기반은 갖추었으나 혁신이 필요한 거대 기업에도 공통되게 중요한 사항이다.

매출 증대를 구체화하고 실행하는 영업 조직과 잘 팔리도록 상품이 매력을 갖추게 하는 마케팅 조직은 서로 상생하는 구조를 잘 알고 있기 때문에 상호 역할이 명확하고 협조도 잘 되는 편이다. 하지만 두 영역이 모두 고객 구매 활동의 앞부분만을 주로 관여하다 보니 전체 고객 구매 활동 중 후반부는 간과하거나 놓치는 일이 생길 수밖에 없다. 고객서비스와 관련된 부분은 '고객의 태도'에 노련한 경험자가 없다면 접근하기 어렵기 때문이다. 그러나 현실에서는 어떻게든 판매를 극대화해야 하는 부서와 고객만족을 목적으로 하는 부서가 서로 마인드와 전략을 맞추는 것도 생각처럼 쉽지는 않다.

판매와 관련된 영업, 마케팅 그리고 구매 과정 및 사용과 관련되어 편안하고 익숙한 환경을 제공하는 고객서비스는 각각의 역할을 충실히 하되 고객에게는 이 모든 것이 하나로 느낄 수 있게 해야 한다. 또 오프라인, 온라인, 모바일 등 여러 채널이 활성화되면서 상품을 검색하고 구매하는 각각의 서비스를 하나의 환경처럼 제공하는 옴니채널 개념이 등장하면서 오프라인과 온라인의 고객 경험이 단절되지 않고 연결되는 것도 무엇보다 중요해졌다.

고객의 어려움을 대신하다 : 재기에 성공한 어픽스

2018년 5월 다음 카카오의 스토리펀딩에는 "샤워기 스타트업 시원하게 망한 이야기"라는 글이 올라왔다. 이야기의 주인공은 육아용품 중고 거래 플랫폼인 '픽셀'을 운영하는 어픽스(AFFIX)라는 회사였다. 어픽스는 2014년에 사물인터넷을 활용한 샤워기를 개발하여 사업을 벌이다 속칭 '망한 스타트업'인데, 이후 여러 고비를 넘기며 다시 성공의 기회를 잡아 시장에 자리 잡는 중이다. 사실 이런 흥망의 스토리를 가진 스타트업은 많다. 하지만 망한 어픽스가 실패를 경험하고도 성공의 고삐를 잡아챌 수 있었던 포인트가 바로 '고객서비스'에 있다는 점이 필자의 관심을 끌었다.

어픽스의 창업자는 2014년 군대 친구와 함께 '생활의 가치를 높이는 일'을 하겠다는 꿈을 품고 회사를 차렸다. 제품 디자인과 영업에 경험이 있는 대표와 프로그래밍을 할 줄 아는 두 젊은이의 만남이었다. 두 젊은이의 꿈은 좋았지만 운명은 그들을 돕지 않았다. 이들이 시장에 상품을 출시할 당시 보일러 시장의 기술 표준이 바뀌면서 어픽스가 개발한 사물인터넷 샤워기가 무용지물이

된 것이다.

좋은 제품만 만들면 시장에서 반응이 있으리라 생각했던 두 젊은이는 결국 사업 실패라는 고배를 마실 수밖에 없었다. 하지만 이들은 포기하지 않았고 이후 주변 지인들의 도움을 받아 새로운 사업 구상에 들어갔다. 어픽스의 창업 철학인 '생활의 가치를 높이는 일을 하겠다는 꿈'을 놓지 않았던 것이다. 여러 가지 아이디어를 놓고 검토한 결과 아이들 장난감과 육아용품의 중고 거래 사업을 새로운 아이템으로 정했다.

아이를 키우는 가정들에는 공통된 경험이 하나 있다. 아이의 성장 단계에 맞추어 필요한 육아용품과 장난감은 매우 많지만 아이는 매우 빠르게 커버린다는 사실이다. 성장 단계별로 많은 용품이 필요하지만 이것들은 금세 쓸모없어진다. 집집마다 구매 비용도 높고 그냥 버리기에는 아까운 멀쩡한 물건이 많이 쌓여 있다. 더러는 지인에게 주기도 하고 중고로 팔기도 하지만, 매번 부모들이 직접 중고 거래를 위해 가격을 책정하고 협상하고 포장 및 배송을 하기란 매우 부담스러운 일이다.

어픽스는 여기서 사업 아이템을 착안했다. 틈새시장을 발견하고 시장성을 확인한 어픽스는 바로 사업 준비에 들어갔다. 그런데 이번에는 시작부터 달랐다. 좋은 제품이 반드시 성공을 보장하지 않는다는 것을 경험한 이들은 사업 모델을 정한 이후, 철저히 고객을 살피고 연구하기 시작했다. 이들은 고객들이 불편하거나 부담되는 것을 해결해줄 때 지갑을 연다는 사실을 알게 되었다. 육아를 하는 부모들이 중고 거래를 할 때 느끼는 어려움을 연구하고, 이를 어픽스의 서비스로 장착하기 시작했다.

상품과 서비스의 융합만이 살길이다

필자도 가끔 인터넷을 통해 중고 거래를 하지만 그 과정은 의외로 골치 아팠다. 신경 쓰이는 일이 많고 귀찮기도 해서 누가 대신 해주면 좋겠다는 생각을 한 적도 있다. 사진을 찍고 가격을 정하고 수시로 메시지를 확인하고, 협상을 거친 뒤 포장해서 배송 처리까지 모두 스스로 해야 한다. 그나마 구매자 마음에 들면 이 과정이 끝나지만 그렇지 않으면 크고 작은 실랑이도 각오해야 한다. 그런 노력과 스트레스를 받느니 그냥 두었다가 누군가에게 거저 주는 경우도 있었다.

어픽스는 중고 거래를 원하는 부모들의 부담을 하나하나 자신들의 서비스로 만들어가며 차별화를 시도했다. 먼저 판매자가 팔고 싶은 물건이 있다고 하면 어픽스 직원이 가정에 방문하여 현장에서 물건을 확인하고 구매를 진행한다. 판매자 입장의 모든 부담이 해소되는 것이다. 또한 구매 이후 세척과 수리 등을 통해 상품 품질을 보완하고, 여러 상품들의 판매 데이터를 모아 적정 가격을 제시했다. 구매자 입장에서는 개인이 아닌 전문 기업과 거래를 할 수 있어 중고 상품에 대한 신뢰도를 가질 수 있게 되었다.

하지만 필자가 주목한 것은 이런 사업화 과정이나 사업 모델이 아닌, 어픽스가 추진한 업무 효율화 과정이었다. 예를 들어, 사업 초기 어픽스는 중고 육아용품이 입고되면 수차례의 세척 과정을 운영했다. 고객에게 깨끗한 상품을 전하고 싶은 마음이었을 테니 이는 당연한 행동일 수 있다. 하지만 세척 활동은 내부 인건비 부담과도 맞물려 가격 상승에 영향을 미치게 되었다. 가격 경쟁력을 고민하던 어픽스는 다시 고객을 유심히 관찰했다. 그 결과 어픽스가 아무리 깨끗하게 세척을 해도 중고 상품을 구매한 고객들은 다시 세척을 한다는 사실을 알게 되었고, 어픽스는 진행하는 세척 과정을 한 번으로 줄였다.

비용을 줄여 수익을 높이고 경쟁력 있는 가격을 유지하려는 목적은 다른 기업과 같았지만 고객의 행동을 분석하여 이를 내부 효율화에 접목시켰다는 것이 정말 우수한 사례라고 필자는 생각한다. 내 소중한 아이가 쓰는 물건은 새것을 구매해도 깨끗이 직접 세척하는 것이 부모의 마음인데 어픽스는 이것을 읽고 사업에 활용한 것이다.

작은 스타트업의 사례이지만, 어픽스를 보면서 미래의 기업 경쟁력은 상품과 서비스의 통합 및 융합에서 만들어야 한다는 사실을 다시금 깨달을 수 있었다. 어픽스는 고객을 통해 기업이 경쟁력을 가질 수 있다는 필자의 주장과 일치하는 사례였다. 꽉 닫은 고객의 지갑을 열게 하려면 고객 입장에서 편리하고 안심할 수 있는 서비스와 상품을 제공해야 함은 당연하다. 그러나 고객 스스로가 감수하는 감성적 행동은 고객에게 오히려 안심이 될 수 있다는 점은 상품 판매 전략을 만들 때부터 서비스 전략이 함께해야 하는 이유이기도 하다.

인공지능의 시대, 감성적 고객 접점 채널을 디자인하라

자동 응답 시스템과 고객 셀프서비스

고객과 기업 간 대표적인 커뮤니케이션 채널은 '콜센터'라 할 수 있다. 지금은 각종 앱의 시대가 되어 상품 정보 탐색은 기본이고 취소, 교환, 반품 등 과거 기업이 수행하던 서비스 영역도 인터넷이나 모바일에서 고객의 직접 처리가 가능해지면서 예전처럼 콜센터로 연락할 일이 많이 줄었다. 여기에 음성 통화보다 문자 메시지와 채팅에 익숙해진 세대가 늘어나면서 콜센터 이용자도 점점 줄어드는 추세이다. 고객들은 상상하기 어렵겠지만, 당시 필자가 근무했던 콜센터만 해도 하루 평균 6~7만 콜, 많을 때는 8만 콜이 넘는 전화가 걸려오기도 했다. 지속적으로 콜 양이 감소하고 있는 지금과는 비교조차 되지 않는 수치였다.

고객 접점 채널은 기업이 대중(소비자)에게 열어놓은 공식 커뮤니케이션 창구이자 사후 서비스를 처리하는 중요한 역할을 담당했다. 고객이 요청하면 상담 직원이 이를 처리해주는 프로세스인데, 고객 요청이나 불만이 증가하면 상담 직원과의 연결이 어려워지는 악순환이 반복되기도 한다. 이런 의미에서 자동화의 대명사인 자동 응답 시스템(ARS, Automated Response System)은 상담 직원의 단순 반복 업무를 줄여주는 지원자 역할을 톡톡히 해주었고, 인터넷이나 모바일이 등장하기 이전까지는 고객들에게 대기 없이 이용할 수 있는 편리한 시스템으로 오랫동안 자리를 잡아왔다.

필자는 이러한 '자동화'의 의미를 엄밀히 말해 '고객 셀프서비스화'라고 생각한다. 자동화는 좋고 편한 것이지만, 사실 고객 입장에서는 '셀프 서비스화'된 것이라는 말이다. 자동 응답 시스템만 해도 고객이 전화를 걸어 말만 하면 상담 직원이 처리해주던 것을, 고객이 직접 번호를 눌러가며 자신이 원하는 서비스를 찾아 움직여야 한다. 그나마 익숙해진 고객에게는 편리한 채널이지만 음성 안내를 일일이 듣고 업무를 선택해 들어가다가 연결이 안 되거나 잘못 누를 경우에는 처음부터 다시 시작해야 하는 등 불편한 일이 많았다. 하지만 인건비보다 훨씬 적은 운영비가 들었기에 기업에게는 효율적인 시스템이었다.

이후 인터넷을 통해 고객의 직접 처리가 가능한 서비스 영역이 늘어나고 이후 앱이 활성화되면서 고객은 모바일을 이용해 언제

어디서나 대부분의 사후 서비스를 스스로 처리하게 되었다. 아마도 무인 상점인 아마존고와 같이 고객은 물건을 골라 들고 나오기만 하면 되는 형태의 서비스가 활성화되거나 사물인터넷이 우리 생활에서 자리 잡기 전까지는 이런 셀프서비스 형태의 자동화는 지속될 것이다. 콜센터 상담 직원 역할이 자동화라는 이름으로 셀프서비스화되고 여기에 인공지능 콘셉트가 도입되면서 고객 접점의 변화는 피할 수 없는 길을 가고 있다. 이미 주문과 상품 상담(검색) 영역은 모바일 앱이 장악한 지 오래이고 기업은 자동화의 추세 속에 운영비를 고려하지 않을 수 없기 때문이다.

기업 입장에서는 처리 기준만 명확히 하면 고객 스스로 업무를 처리할 수 있도록 하는 것이 여러 모로 장점이 된다. 하지만 상품 주문은 24시간 가능한 온라인 상점이 기타 서비스는 직원의 근무 시간으로 한정하여 제공하는 일을 어떻게 봐야 할까? 모든 온라인 상점은 24시간 물건을 주문할 수 있게 자동화되어 있지만 사후 서비스와 같은 업무 처리는 여전히 사람의 확인이 필요한 영역으로 남겨두는 경우가 많은 것이 사실이다.

그렇다면 지금까지 우리가 경험한 고객 채널과 디지털 시대의 고객 채널은 어떻게 달라져야 할까? 이미 셀프서비스 기반의 자동화를 넘어 시스템이 스스로 알아서 대응해주는 인공지능 시대를 목전에 두고 고객 접점 채널은 어떤 모습을 지향해야 할지 고민스럽기만 하다.

필자는 이 문제를 고객 관점에서 접근해보고, 자동화와 인적 서비스가 각각 어떤 가치를 제공할 수 있는가에서 찾아야 한다고 생각한다.

야쿠르트 아줌마와 고객서비스의 결합

얼마 전 친숙한 단어가 실린 인터넷 기사를 보게 되었다. 온라인 자동화가 대세인 요즘 제2의 호황기에 들어선 영업 조직이 있다는 소식이었다. 기사의 주인공은 '야쿠르트 아줌마'라 불리는 방문판매 조직이었다. 기사에 따르면, 이분들에게 각종 신선식품을 판매하는 기업들이 러브 콜을 보내고 있었다.

'야쿠르트 아줌마'는 워낙 오래되고 친숙한 이름이지만, 이 조직도 한때 어려움을 겪었던 것으로 기억한다. 필자 기억 속의 야쿠르트 아줌마는 야쿠르트 음료와 같은 색깔의 복장과 모자를 쓴 아주머니들이 같은 색의 카트를 끌고 집집마다 방문 배달을 하는 모습으로 남아 있다. 지금 변한 것은 힘들게 끌고 다니던 수동 카트에서 '코코'라는 이름의 전동 카트와 함께하고 있는 모습뿐이다. 앱을 활용하면 고객들이 야쿠르트 아줌마가 있는 위치를 검색해 찾아가기도 한다니, 요즘 같은 배송 전쟁 시대에 어울리지 않는 상황일 수밖에 없다. 자동화나 인공지능, 네트워킹 사회를 향하고 있는 지금, 과거 방문판매의 대명사인 야쿠르트 아줌마에게 제휴

야쿠르트 아줌마로 대표되는 야쿠르트의 유통 채널을 통해 다양한 제품이 배달되고 있다.

러브콜이 쏟아지고 있는 이유가 궁금했다.

연합뉴스는 "방문판매원 제2의 전성기… 야쿠르트 아줌마 인기 '상종가'(2018. 06. 18.)"라는 기사에서 온라인 채널에 밀려 고전하던 방문판매 사업자가 최근 '사람이 직접 가져다주는' 편리성을 앞세워 다양한 마케팅을 펼치며 제2의 전성기를 맞고 있다고 전했다. 그리고 한국야쿠르트가 방문판매 채널을 활용해 자사 제품뿐만 아니라 협약을 맺은 다른 회사 제품까지 판매하고 있다는 소식을 추가로 실었다.

이처럼 야쿠르트 아줌마가 다루는 제품 품목이 늘어난 것은 2014년 12월 도입된 탑승형 카트 '코코' 덕이라는 게 업계의 분석이라고 기사는 적고 있다. 카트에 냉장 기능이 갖춰지면서 다양한 신선 식품을 보관·전달할 수 있게 되었고, 사람이 끌지 않아도 돼 동네 구석구석을 누비기가 수월해졌다는 것이다. 연합뉴스가 인터뷰한 한국야쿠르트 관계자는 "야쿠르트 아줌마 유통 채널을 활용하려는 다른 회사의 업무 협력 요청도 늘어났다"며 "제품이 생산되자마자 이른 시일 안에 소비자에게 전해지는 방문판매의 장점 때문에 이미 유통 장악력을 지닌 대형 식품 회사들도 우리와 손잡으려 하는 것"이라고 말했다. 또 다른 업계 관계자도 인터뷰에서 "다른 유통 채널과 달리 방문판매는 필요한 물건을 직접 가져다준다는 점에서 고객의 시간과 노력을 아껴준다"며 "대면 접촉을 통해 충분히 상품을 설명해주고, 지속해서 고객을 관리할 수 있다는 것이 큰 장점"이라고 설명했다.

업계 관계자는 기사의 마지막 인터뷰에서 "이를 통해 넘쳐나는 제품 가운데 고객에게 맞는 상품을 골라줄 수 있고, 쌓은 신뢰는 재구매와 추천으로 이어진다"며 "최근 IT 기술과도 결합해 소통의 힘을 앞세워 더욱 성장할 것"이라고 전망을 피력하기도 했다.

자동화만으로 커버하기 어려운 틈새시장, 고객과의 대면 접촉을 통한 인간적 유대감과 신뢰 확보, 냉동 시설과 이동성을 갖춘 도구가 인간의 감성과 융합되고, 특정 상품과 서비스의 만남이 '야쿠르트 아줌마' 조직의 경쟁력을 유지해주고 있었다. 시스템으로 커버하지 못하는 영역에서 사람의 서비스가 빛을 발하고 고객의 시간과 노력을 아껴줄 때 고객의 만족감은 상승한다. 향후의 고객 접점 채널은 자동화와 인적자원의 융합 서비스로 바뀔 것이다. 우리가 서비스를 펼쳐야 하는 대상은 기계가 아닌 사람이기에 일상적이고 반복적인 부분은 모두 자동화 영역으로 끌어들여, 기존 (인적)고객 채널은 작게 가되, 현장 권한을 크고 강하게 부여함으로써 한 번의 접촉만으로 고객의 문제를 해결할 수 있도록 해야 한다. 앞으로는 '고객의 시간과 노력을 감소'시키는 서비스 구조가 기업의 경쟁력을 좌우할 것이다.

고객센터,
기업의 전략 기지로 거듭나다

고객센터, 변화의 기로에 서다

성공하는 기업의 특징은 지속적으로 고객 가치를 만들어낸다는 것이다. 기업은 고객에게 선택받는 것이 가장 중요하고, 치열한 경쟁은 고객 가치를 만들어내기 위한 고객 전략을 필요로 한다. 그러나 고객 전략의 출발과 방향은 고객과 시장을 우선해야 함에도 많은 기업이 재무적 성장과 경쟁 우위 확보에만 초점을 두고 있다. 이러한 기업들은 고객 가치를 만들어내는 기반이 기업 내부의 브레인이 아닌 고객 그 자체에 있음을 모르는 기업일 것이다.

기업이 고객과 만나는 접점이 오프라인에서 온라인으로 이동했고, 이제는 무인 상담으로 발전해가면서 사람 중심의 고객 접점은 기능과 역할 면에서 변화의 끝으로 내몰리고 있다.

지금까지 고객 커뮤니케이션 창구는 상담과 불만 접수, 주문 접수와 처리, 간단한 문의 창구 역할이 주된 기능이었고, 그나마 최근의 자동화 추세로 사람이 직접 대응해주는 서비스는 줄어가고 있다. 더구나 상담 직무가 감정노동직으로 인식되면서 사회적으로 기피하는 직무가 되었고, 실제 몇몇 금융권을 제외하면 고객센터 상담직은 구인에 어려움을 겪는 경우가 많아졌다. 자동화 확대와 인력난의 심화로 대다수 기업들이 고객센터를 효율화 관점에서 접근하고 있고, 최근에는 자동화 및 인공지능 시대가 논의되면서 무인 센터로 최종 전환을 염두에 두는 곳도 빠르게 증가하고 있다.

고객센터를 둘러싼 환경은 고객센터 스스로 역할 변화에 대해 깊은 고민을 하도록 요구하고 있으며 빠른 실천을 강요하고 있다. 기존의 역할과 기능에 안주할 경우 고객센터는 타의에 의해 자동화로 대체될 것이 자명하고, 역할 변화를 위한 준비 기간도 얼마 남지 않아 보인다. 그러나 지금은 고객센터 스스로의 자구책뿐 아니라 고객센터를 바라보는 경영진의 시각 변화가 매우 중요한 때이다. 경영진도 고객서비스 영역을 단순 비용 관점이 아닌 경쟁력 제고를 위한 '전략적 활용 가치' 측면에서 다시 들여다보고 담당자들에게 적극적인 활용 방법과 혁신을 요구해야 한다.

고객이 중요하다고 말하는 경영진 가운데 고객의 서비스 체험이 가장 많이 일어나는 채널에 대해 어떻게 활용할지 고민해본 분들이 얼마나 될까?

자동화와 인공지능은 필연적으로 우리 생활환경을 바꾸어놓을 것이다. 하지만 서비스의 대상이 감성을 지닌 사람인 이상 인적자원 기반의 커뮤니케이션 채널의 역할은 협소해질지언정 역설적으로 핵심적 채널로서 의미를 가질 수 있다.

자동화와 인공지능 서비스는 데이터가 핵심이다. 다시 말해, 데이터에 기반한 의사 결정이 강해질 때 차별화를 가져올 수 있는 경쟁력은 오히려 감성적 고객 관리에서 찾을 수밖에 없다는 이야기이다.

예컨대 소셜 미디어에는 엄청난 양의 커뮤니케이션 내용이 생멸하는데, 그 안에는 우리 기업의 상품이나 서비스 이야기가 언제든지 포함될 수 있다.

최근에 들어서 고객은 불만이나 의견을 표현하고자 굳이 기업을 찾는 경우가 줄어들고 있다. 고객이 정부 기관이나 사회단체로 직접 접수하는 경우가 늘고 있고, 기업은 이런 민원의 대응에 많은 에너지를 소모하고 있다. 이런 추세는 더욱 확대될 것이기에 상품 탐색부터 고객 인수까지 고객이 경험하는 서비스 관리에 최우선으로 집중해야 한다.

기업의 오감을 감지하는 조직으로

필자는 무엇보다 고객센터를 끝단의 처리 부서가 아닌 기업의 가치 사슬 위에 놓인 기능 조직으로 바꾸고 고객을 감지하는 능력을 탑재하는 부서로 바꿀 것을 강조하고 싶다.

많은 서비스가 자동화 영역으로 흡수되고 있지만 기업의 규모나 성격 그리고 시장을 바라보는 관점에 따라 인적자원이 자리할 기회는 지금도, 앞으로도 충분하다. 고객에게는 기업과 브랜드에 대한 신뢰가 필요하고, 자동화가 되는 서비스 영역도 이용자의 충분한 신뢰를 확보하기까지는 사람이 직접 서비스하는 영역이 반드시 필요하다.

예컨대 상담 직원을 대체할 목적으로 다수 기업들이 앞다투어 도입하는 '챗봇'의 경우를 보면, 각 기업의 데이터베이스 구조와 고객 문의 내용의 난이도와 복잡성에 따른 영향을 받다 보니 매우 제한적인 수준의 서비스가 제공되고 있다. 심지어는 무늬만 챗봇일 뿐 실제는 상담원이 답변하는 챗봇도 존재하고 있다. 물론 기술적 문제는 빠른 시간 내에 해결되겠지만, 셀프서비스 기반의 자동화가 충분하게 자리 잡기까지는 아직도 상당한 시간이 필요할 것으로 보인다.

필자는 한 지인으로부터 유명한 모 쇼핑몰의 챗봇을 이용하다가 이상한 느낌이 들어 "사람이세요?"라고 입력했다가 "예, 상담원이에요"라는 답변을 들었다는 웃지 못할 이야기도 들었다. 인공지능 시대가 오더라도 기업들이 시장에 근거한 의사 결정과 고객 관계 관리를 할 필요성은 여전히 존재한다. 특히 디지털 환경에서 여론과 입소문은 과거와 비교할 수 없을 만큼 막강한 힘을 지니게 되었으므로 기업은 고객이 있는 곳곳에 귀를 열어두어야 하고, 지금과 같은 대형 고객센터보다는 소수 정예화를 통한 적극적인 고객 감지 기능을 가진 조직으로 변화해 나가야 한다.

현재의 콜센터는 자동화와 인공지능이 접근하기 힘든 감성적 연결을 목표로 하되 우리 신체가 가진 오감처럼 기업의 감지 기능을 수행하는 조직을 지향해야 한다. 상담 서비스를 차별화 역량으로 가져간 자포스와 고객 현장의 정보를 적극 활용하는 패스트패션의 대명사 자라와 같은 기업들이 이를 실천하는 좋은 사례라고 할 수 있다.

기존의 상담 전문 콜센터는 고객이 접촉할 수 있는 채널로서의 한계도 있고, 사후에 발생하는 이슈를 관리하는 것이 주요 업무로서 불만 관리가 최우선이었다. 앞으로의 콜센터는 적극적인 소통과 고객 니즈를 수집하는 기능과 함께 콜센터 직원의 정예화를 통한 역할의 변화가 필수 항목이 될 것이다.

고객은 많은 정보와 커뮤니티를 통해 더욱 현명해졌고, 보다 가치 있는 조건을 선택하기 위해서라도 공급자가 제공하는 것을 그대로 믿지 않고 다양한 방법을 활용해 최종 선택을 한다. 콜센터는 더 이상 상담과 불만 처리에 머무르면 안 된다. 콜센터 운영자와 실무자는 고객 관리의 폭을 넓히고 복합적인 데이터 분석과 고객 관리를 병행하는 방향으로 전환되어야 한다. 이를 위해서는 고객서비스 시스템에 대한 기술적 투자가 매우 중요하다고 필자는 생각한다.

고객의 행동과 경험을 관리하라

VOC는 기업에서 어떤 의미인가?

기업은 숨겨진 고객의 니즈를 찾고 새로운 가치를 만들어내는 일에 많은 투자를 한다. 마케팅 설문을 하고, 고객을 초빙하여 이야기를 들으며, 저명한 학자들을 모시고 트렌드 강의를 듣는다.

하지만 필자의 경험 속 고객은 언제나 그리 멀지 않은 곳에 있었고, 필자에게 많은 이야기를 해주고 있었다. 고객 중에는 소리를 지르거나 반대로 엄숙하게 말을 건네는 이들도 있지만, 이런 고객은 소수에 불과하고 대부분은 작은 목소리로 소곤거릴 뿐이다. 그래서인지 기업은 늘 가까이 있는 고객의 존재를 느끼지 못하고 고객을 멀리 찾아다니게 된다.

필자가 근무한 홈쇼핑 회사에는 하루에만 수만 콜의 전화가 걸려오는데, 여기에 들어 있는 모든 고객의 커뮤니케이션 내용을 통틀어 'VOC,' 즉 고객의 소리라고 한다. 주문과 단순 상담을 제외하면 보통 불만이나 요청이 주를 이루므로, 접수되는 VOC에는 고객만족도 조사 내용보다 더 직설적이고 직관적인 내용이 많다.

상황이 이렇다 보니 기업 담당자도 VOC라고 하면 '불만'으로 인식하는 경향이 있고, 고객들도 'VOC 창구'라 하면 불만 접수 창구로 인지하는 것이 일반적이다. VOC는 글자 그대로 고객과 기업 간 발생하는 커뮤니케이션 내용을 모두 포함하고 있음에도 이를 좀 더 폭넓게 활용하지 못하는 것이다.

필자는 업무 관점에서 VOC를 크게 긍정 VOC와 부정 VOC로 구분한다. 한 단계 내려가면 다시 불만, 칭찬, 제안, 리스크 VOC의 네 가지로 분류하는데, 이것을 각 업종별, 상품 특성별로 구분하여 배치하면 된다.

보통 불만 처리로 귀결되는 부정 VOC는 개선의 대상으로 인식되어 경영진도 관심을 가지지만, 긍정 VOC는 기업 내부적으로 큰 관심의 대상이 되기보다는 홍보 마케팅용 콘텐츠로만 활용되는 경우가 많다. 부정 VOC가 개선의 대상이라면 긍정 VOC 내용은 오히려 그 기업의 강점으로 강화시켜야 함에도 일회성 홍보용으로만 사용하는 한계가 있는 것이다. 현실적으로 VOC 업무를 진행하다 보면 긍정 VOC가 그리 많지 않아 활용하기 어려운 이유도 있다. 고객만족도 1위의 기업이라도 VOC 특성상 접수되는 내용은 긍정 VOC보다 부정 VOC가 압도적으로 많은 까닭이다. 그럼에도 필자는 부정 VOC만큼이나 긍정 VOC도 적극적으로 발굴하여 활용해야 한다고 생각한다.

VOC 기반의 고객만족 관리는 접수된 고객 불만을 분석하여 기업이 제공하는 서비스를 고객의 눈높이에서 개선하려는 목표로 활동하지만, 안타깝게도 고객 불만 요인을 모두 개선해도 고객만족도가 높아진다는 보장은 없다.

VOC 기반의 개선은 사후 약방문과 같아서 이미 불만을 가진 고객 요구는 해결된다고 해도 감동은커녕 만족으로 연결되기엔 부족함이 있다. 이미 결핍 상태에서 표현된 욕구이기 때문이다. 특히 VOC는 '서비스 경험에 대한 고객의 반응'이기 때문에 고객서비스 부서에서는 VOC에 대한 중요성을 강조하지만 타 부서 직원들은 'VOC는 동일한 서비스를 경험한 많은 고객 중 일부 고객의 불만'이라고 생각하는 경향이 있다. 그래서 개선의 중요성이나 추진력을 얻기 위한 공감대 형성에 실패하고 명분을 잃을 때가 많다.

분명한 것은 기업들이 VOC가 가진 가치를 충분히 활용하지 못하고 있다는 사실이다. 그러므로 고객서비스 담당자는 기업에게 이슈가 될 만한 VOC가 아닌 이상 대부분의 VOC는 관심을 끌기에는 약한 부분이 있다는 점을 먼저 인정해야 한다. 그리고 이런 점을 감안해 기업에서 VOC가 지니는 의미와 가치를 어떻게 활용할지 깊이 고민하고 이를 해결하기 위한 방안을 마련하는 데 힘을 써야 할 것이다.

VOC 가치 상승을 위하여

VOC가 힘을 가지지 못하는 이유 가운데 하나는 매출과 직결되지 않는 후처리 영역이라는 인식이 강해서이다. 물론 리스크 VOC의 경우는 매출과 기업 이미지에 부정적인 영향을 주기 때문에 주요 관심사가 되지만 나머지는 그렇지 못하다. VOC가 매출이나 이익과 연결되는 고리를 가진다면 기업에서 VOC의 가치는 달라질 수 있다.

고객 입장에서는 불편할 수 있겠지만, 필자는 '고객의 기여도'에 따른 보상 관리 제도를 한 가지 방안으로 제안하고 싶다. 기업이 충성 고객을 원한다면서 몇 년간 꾸준히 이용하는 고객과 어쩌다 한 번 이용하는 고객에게 똑같은 보상 제도를 운영한다면 이는 앞뒤가 맞지 않는 일일 것이다. 지금의 기업들은 구매 규모에 따라 VIP, 우수고객, 일반고객 등으로 고객을 그룹화하여 구간별로 더 구매하도록 많은 혜택을 제공하면서도, 정작 불만 문제가 제기되면 처리 과정이나 보상 내용을 똑같이 적용하는 경우가 많다. 더 미안해하고 덜 미안해야 하는 고객이 따로 있는 것은 아니지만, 기업이 성장할 동안 옆에서 꾸준히 함께 가주는 고객에게는 불만 관련 정책도 차별화해야 하는 것이 옳다고 필자는 생각한다. 따라서 이 부분에서 VOC가 의미를 가져야 하고, CRM 업무와 융합이 필요하다고 생각하는 것이다. 이 같은 시스템을 밟으면 고객 결핍을 사전에 해결할 개연성도 높아질 것이다.

필자는 몇 년간 식품, 케이블, 유통, 물류 등 업종이 각각 다른 기업의 VOC를 수집, 분류, 분석하여 경영진에게 보고한 경험이 있다. 각각의 업종 업태에 따라 발생되는 VOC가 달랐고 경영진과 실무진의 관심 주제들이 달랐다. 또 이를 분석하고 대안을 제시하는 VOC 담당자는 보고서 타이밍과 활용 범위를 놓고 생각지 못한 어려움을 많이 겪고 있었다. VOC가 수집되고 분석되는 동안 담당자는 이미 해당 이슈들을 알고 있거나 해결한 경우가 대부분이다 보니 보고서는 사후에 정리된 내용일 뿐 담당자들에게 큰 도움을 주지는 못했던 것이다.

반면, VOC의 규모나 주요 이슈, 해결 수준 및 추세를 수치화하여 관리할 수 있음은 나름의 성과였다. 예컨대, 고객서비스 담당자 입장에서 우리 회사를 이용하는 고객 중 불만을 제기하는 고객의 규모가 어느 정도이고 고질적인 이슈는 무엇인지, 불만 종류별로 트렌드를 관리할 수 있게 되었기 때문이다. 그리고 리스크로 발전될 수 있는 이슈 관리에도 많은 도움이 되었다. 우리 서비스를 이용하는 고객 중 적극적으로 불만을 제기하는 고객 비중과 그 내용 그리고 기간별 불만 변화를 눈으로 확인할 수 있는 것만으로도 새로운 개선 아이디어와 우선순위를 선정하는 데 큰 도움을 받을 수 있었다.

VOC 관리는 충분한 의미를 가지고 있지만 활용에는 한계가 있다. 하지만 고객 중심의 서비스 구현이나 매출 증대를 위한 선순환 구조를 만들어갈 때 반드시 필요한 요소라고 생각한다.

행동 데이터와 경험 데이터의 융합을 꾀하자

VOC는 고객의 인식과 의향을 파악할 수 있는 중요한 자료였지만, 어떤 고객들이 어떤 경험을 통해 불만이나 칭찬을 표현하게 되는지를 큰 그림에서 파악하기는 어려웠다. CRM에서 다루는 인구통계학적 자료와 맞물려 관리할 수 있다면 좀 더 진보된 고객 인사이트를 얻을 수 있다고 생각하는데 아직 이런 접근을 시도하는 기업 소식은 듣지 못했다.

기업에서 고객 데이터 관리는 대개 CRM 분야에서 담당한다. VOC는 고객의 불만이나 요청을 직관적으로 파악하기는 좋지만 고객의 기여도나 활동 상황을 파악하기가 어렵고, 전체 고객 중 일부만을 대표하는 속성을 가지고 있다. 반면에, CRM 데이터는 고객 결제 데이터와 접촉 데이터를 기반으로 인구통계학적인 분석이 가능하기 때문에 고객 전체에 대한 속성 분석이 용이하다. 다만 '왜?'라는 원인 분석에는 한계를 가지고 있다. 필자는 향후 고객서비스가 한 단계 발전하기 위해서는 불만 처리와 서비스 개선에 집중 활용되는 'VOC 데이터'와 마케팅 전략에 활용되는 'CRM 데이터'의 교차 분석이 필요하다고 생각한다. 단 CRM 데이터에 비해 VOC 데이터는 분석이 용이한 구조가 아니기 때문에 데이터 구조 정비가 선행되어야 할 것이다. 고객 행동 데이터(결제, 구매 빈도, 구매 상품, 인구통계학적 추이, 구매 속성 등)와 고객 경험 데이터(VOC 접수 빈도, 불만 강도, 고객 행동 성향, 보상 수준 등)가 융합되어 관리되면 궁극적으로 고객 경험 유형별 불만, 만족, 침묵에 영향을 주는 원인을 분석할 수 있을 것으로 기대한다.

VOC 데이터는 어떻게 활용할 것인지에 관심을 두지 않으면 쌓여 있는 쓰레기일 뿐이다. CRM 데이터 기반의 개인화는 VOC 데이터와의 융합으로 고객에게 좀 더 가깝게 접근할 수 방법을 제시해줄 것이다. 그리고 그 지향점은 고객 경험에 영향을 주는 선순환 구조를 만드는 데 있다. 디지털 시대의 고객 분석은 고객 행태를 보여주는 CRM과 고객 경험의 결과로 표출되는 VOC의 결합으로 인해 기업과 고객 모두에게 발전적인 시스템을 제공할 것이라 생각한다.

5장

고객서비스에 목숨 건 기업이 살아남는다

왜 제2의 자포스는 없을까?

신발을 팔지 않는 신발 가게

고객서비스 업무를 담당하거나 콜센터에 근무한 경험이 있는 사람이라면 '자포스'라는 회사 이름을 한번쯤 들어보았을 것이다. 자포스는 기업 가치를 인정받아 지금은 글로벌 유통 기업 아마존에 인수되었지만, 한동안 자포스의 서비스를 벤치마킹하기 위해 많은 기업이 앞다투어 방문했고 그들의 성공 사례는 각종 매스컴은 물론 책과 온라인을 통해 전 세계에 알려졌다.

자포스는 온라인으로 신발을 판매하는 유통 업체로 출발했는데, 놀랍게도 이들을 유명하게 만든 것은 배송도 상품도 아닌 '콜센터 서비스'였다. 콜센터 서비스가 얼마나 특별했기에 세계의 수많은 온라인 유통 업체 가운데 하나에 불과한 자포스를 일약 스타

기업으로 만들었을까?

자포스의 서비스를 상징하는 유명한 일화가 하나 있다. 한 고객이 자포스 콜센터에 연락하여 신발을 주문하려고 했다. 그런데 고객이 원하는 신발의 재고가 없었다. 이런 경우라면 보통 "고객님, 죄송합니다. 다음에 또 이용해 주십시오"라는 정도의 마무리로 통화가 끝난다. 그러면 고객은 다른 업체를 찾아 자신이 원하는 신발을 검색해야 한다. 하지만 자포스는 달랐다. 자포스 콜센터 직원들은 타 회사 사이트를 직접 검색하고 고객이 원하는 신발을 찾아서 주문까지 해주었다. 일반적인 상식으로는 도저히 이해가 되지 않는 서비스이다. 왜 타사 사이트를 뒤지고 경쟁사일 수 있는 기업의 매출을 올려주면서까지 고객 주문을 도와주는 것일까?

이것 말고도 자포스는 피자 가게를 알려달라는 장난스러운 고객의 요청에 친절히 답변하는 등 자신들의 사업과 전혀 관련 없는 서비스 요청에도 흔쾌히 응해주었다. 일반적인 회사 경영진의 입장에서 보면 정말 비효율적인 인력 낭비이자 시간 낭비가 아닐 수 없었다. 그러나 고객들은 자포스의 이런 서비스에 열광했고, 이것이 점차 유명세를 타면서 매출 또한 급격히 증가했다. 그 결과 자포스는 본격적으로 사업을 시작한 2000년 이후 10년간 매출이 600배 성장하는 놀라운 결과를 냈다.

고객서비스의 한 방편으로 활용되던 콜센터를 통해 대중적인 인지도와 매출 증대라는 두 마리 토끼를 잡은 자포스는 혁신적 서비스에 목말라 있던 기업들에게 매력적인 모델이 될 수밖에 없었다. 그런데 한 가지 재미있는 사실은 자포스를 벤치마킹하는 기업이 수도 없이 많았는데도 자포스처럼 서비스로 성공했다는 기업 소식이 들리지 않는다는 것이다. 왜일까?

서비스를 파는 단 하나의 기업

자포스는 출발부터 달랐다. 기업은 우수한 품질, 특별한 기술, 독특한 디자인을 무기 삼아 사업을 시작하거나 경쟁력으로 삼지만, 자포스는 고객에게 제공할 수 있는 '최상의 서비스'를 그들의 경쟁력으로 장착했다. 그들은 '와우(WOW)'라는 감탄사로 표현되는 고객만족 서비스를 무기로 삼아 시장에 진입했고, 신발을 전문으로 판매하는 유통 업체이지만 스스로를 서비스 기업이라 자부했다. 필자가 볼 때 그들에게 신발은 하나의 매개체일 뿐이고 실제 상품은 서비스 자체였다.

만일 자포스가 그들의 정체성을 신발 판매 업체로 정했다면 아마도 매출을 높이고 이익을 증대하려는 전략하에 '효율과 효과'를 추구하고 다른 신발 판매 업체를 경쟁자로 삼아 연구하는 데에만 몰두했을 것이다. 그리고 이런 경영 방식은 여타의 기업과 전혀 차별점이 없었을 것이다. 하지만 '서비스' 그 자체를 기업의 정체성이자 경쟁력으로 규정짓고 나니, 그 어디에도 그들과 같은 경쟁자는 존재하지 않았다. 그야말로 단 하나뿐인 기업이 되었다.

3장에서도 말했듯이, 자포스의 최고경영자 토니 셰이는 고객에게 기업의 제품을 한 번 정도 구매하게 할 수는 있지만 반복적으로 구매하게 하는 것은 정말 어렵다고 토로한다. 이를 위해 자포스는 '고객이 다시 찾게끔 만드는 서비스를 제공한다'는 경영 철학을 바탕으로 조직 문화를 만들어갔다. 여기까지도 자포스의 경영 철학을 비슷하게 따라간 기업이 많다. 자포스의 또 다른 점 하나는 조직 문화 구축과 함께 운영하는 지표의 우선순위도 다르게 적용한 것이다. 이들은 일반적으로 사용하는 '매출'이 아닌 '재구매율'을 최우선으로 관리했다.

자포스는 이 같은 조직 문화를 다음의 열 가지 핵심 가치로 정하여 직원들과 공유했다.

1. 서비스를 통해서 고객에게 '와우' 경험을 전달한다(Deliver WOW Through Service).
2. 변화를 적극 수용하고 추진한다(Embrace & Drive Change).
3. 재미와 약간의 엉뚱함을 창조한다(Create Fun & A Little Weirdness).
4. 모험정신과 독창적이며 열린 마음을 유지한다(Be Adventurous, Creative, & Open Minded).
5. 성장과 배움을 추구한다(Pursue Growth & Learning).

6. 개방적이고 솔직하며 열린 관계로 의사소통한다(Build Open & Honest Relationship with Communication).
7. 긍정적인 팀 정신과 가족 정신을 만든다(Build a Positive Team & Family sprit).
8. 좀 더 적은 자원으로 좀 더 많은 성과를 낸다(Do more with less).
9. 열정적이고 결연한 자세로 임한다(Be Passionate & Determined).
10. 겸손한 자세를 가진다(Be Humble).

경영 철학이 전혀 다르다

최고경영자의 확고한 경영 철학과 핵심 가치는 '고객서비스를 최우선으로 하는 조직 문화'를 만들어냈을 뿐만 아니라 직원들의 행동 방식까지 변화시켰다. 현장에서 실시간으로 고객을 대응하는 직원들은 순간순간 생각하고 판단해야 하는 상황을 겪게 된다. 하지만 온라인 유통 업체가 고객들에게 '와우'라는 감탄사가 나오도록 할 수 있는 방법은 많지 않았기에, 토니 셰이는 고객과 회사가 가장 많이 만나는 콜센터를 적극 활용했다.

온라인 상품 구매는 오프라인에서 구매하는 것에 비해 여러 가지 제약 사항이 따르게 된다. 대표적으로 사이즈, 색상, 질감은 온라인이 오프라인 구매를 따라가기 어려운 부분으로 이를 보완하는 방법이 콜센터의 상담 직원이었다. 토니 셰이는 온라인 사업에서 전화 통화만큼 적극적으로 고객 관계를 관리할 수 있는 방법은 없다고 생각했다. 물론 지금과 그때는 상황이나 환경이 많이 바뀌었지만, 로직(Logic)이나 프로그래밍에서 벗어난 인간적 간섭이 필요한 서비스는 미래에도 분명한 영역과 의미를 가질 것이라 생각한다.

또 자포스는 그들의 경영 철학에 맞추어 경영 관리 분야도 매출이나 이익 지표보다 '재구매율'을 우선적으로 관리했다. 그래서인지 회사의 핵심 경쟁력으로 운영하는 콜센터 직원에 대한 평가 방법도 달랐다. 일반적으로 상담 직원의 평가는 전화를 얼마나 받았는지, 업무 처리 완료는 얼마나 했는지를 따지곤 하지만, 자포스는 얼마나 신속하게 전화를 받고 친절한 태도로 통화했는지를 평가했다. 사실 이 부분만 놓고 보면 국내 콜센터도 별반 다르지 않지만, 필자가 유의 깊게 본 것은 인력 투자 부분이었다. 자포스는 하루 평균 5,000콜 정도의 고객 전화를 처리하는 데 500여 명의 콜센터 인원을 운영했다. 그에 비해 국내 콜센터는 하루 평균 약 4~5만여 콜에 700여 명이 고객의 요청 사항을 처리한다. 그나마도 자동화(자동 응답 시스템이나 앱) 채널의 확산을 통해 인적 관여 업무를 줄여가고는 있지만, 반대로 자동화 시스템 이용 중 상담원으로 들어오는 콜도 적지 않은 상황이다.

이것이 의미하는 바는, 자포스는 인적 서비스를 기반으로 현장 직원들에게 충분한 권한을 부여하고 고객서비스 우선 정책을 운영하는 반면 일반 기업은 매출과 수익을 맨 앞에 내세워 고객서비스를 효율적으로 운영하도록(결국 비용을 절감하도록) 관리한다는 것이다. 자포스의 성공은 단순히 인력의 많고 적음의 문제가 아닌, 고객 중심이라는 경영 철학을 실천하는 방법이 전혀 다르다는 관점에서 보아야 한다.

그렇기 때문에 많은 기업이 자포스를 벤치마킹하고 그 서비스를 응용해보려 했음에도 성과를 낼 수 없었던 것이라 생각한다. 고객의 평가에는 정답도 없고 정도도 없다. 고객만족 점수를 잘 받기 위해서는 고객 설문지 체크 사항에 나와 있는 관련 항목만 개선하고 집중 관리해도 우수한 점수를 받을 수 있다. 그러나 이것으로 지속적인 고객 선택을 얻을 수는 없다. 기업이 집중하려는 경영 철학이 무엇인지를 먼저 생각해보고, 그 판에서 중요한 자원이 무엇인지를 잘 궁리해야 한다. 그렇지 않으면 경영진이 희망하는 제2의 자포스는 영원히 탄생할 수 없을 것이다.

대면은 싫어도 연결은 원하는 고객들

정보만 주세요. 연락은 내가 할게요!

콜센터에서 겪는 고충 가운데 하나는 예전에 비해 고객 통화 연결이 점점 어려워진다는 점이다. 고객 개인별 서비스 혜택 안내는 물론이고, 고객이 직접 요청한 사항에 대한 답변을 주고자 연락해도 고객들이 전화를 잘 받지 않는다. 그리고 일반 서비스나 상품 안내 전화는 연결되어도 금방 끊어버리거나 설명을 듣기도 전에 짜증부터 내는 고객들이 점점 늘어나는 추세이다. 이는 부동산이나 보험 등 고객 요청이 없는데도 걸려오는 각종 영업성 전화나 보이스피싱과 관련한 피해 사례가 늘어나면서 고객들의 경각심이 높아져 발생하는 현상이다.

온라인 기업에서 고객 연락은 중요한 업무 중 하나이기 때문에 콜센터에서는 사전에 문자 메시지를 보내 전화번호와 회사를 밝힌 후 전화를 걸어 고객들과 통화하는 방법을 쓰고 있다. 하지만 여전히 필수 공지사항 안내나 서비스 관련 결과 안내를 위한 전화는 통화까지 연결되기가 무척 어렵다. 이는 우수고객도 마찬가지이다. 이 때문에 우수고객 혜택을 비롯한 안내 사항을 알리기 위해 반드시 고객과 연락이 닿아야 하는 상담 직원들은 난감한 상황을 자주 맞기도 한다.

이제는 기업의 적극적인 전화 연락보다는 앱이나 문자 메시지 같은 방법으로 고객에게 정보를 전달하고, 고객 스스로 선택해서 기업에 연락하도록 유도하는 것이 더 효과적인 방법으로 쓰이고 있다. 이런 상황은 오프라인 매장에서도 동일하게 발생한다. 고객이 매장에 방문하면 친절한 인사와 함께 "무엇을 도와드릴까요?"라고 하던 친절 중심의 서비스가 최근에는 직원들이 멀리서 지켜보고 있다가 고객이 찾을 때에만 접근하는 서비스로 운영되고 있다.

습득할 수 있는 정보가 많은 세상에서 스스로 검색하고 판단하고 결정하는 과정 자체가 고객들에게는 하나의 즐거운 여정이 되고 있기에, 관리라는 명목으로 고객의 즐거운 흐름을 깨는 것은 이제 금기시되어버렸다. 그나마 오프라인 매장은 고객을 멀리서 관찰하기라도 할 수 있으니 다행이지만, 눈에 보이지 않는 온라인의 고객 관리는 어떻게 해야 할까?

기업과 고객 간 연결의 주체는 일찌감치 기업에서 고객으로 넘어갔다. 주체가 바뀌었으니, 이제 방법도 바뀌어야 할 때이다.

자동화 시스템도 안전을 위한 창구는 필수이다

2018년 서울교통공사는 지하철 무인화 정책을 두고 서울교통공사 노조와 갈등을 빚었다. 서울교통공사는 2018년 상반기, '비용'과 '효율성'을 이유로 지하철에 기관사가 수동으로 조작하지 않아도 출발, 정지, 출입문 개폐가 가능한 전자동운전(DTO, Driverless Train Operation) 시스템 도입을 추진하겠다고 발표했다. 그리고 하반기부터는 무인 운전의 단계별 시운전을 진행했다. 이와

긴급 상황에 도움을 청할 수 있는 역무원을 없앤 무인 역사 도입으로 승객들은 불안감을 느꼈다.

함께 무인 역사도 시범으로 운영할 계획을 발표했다. 실제 지하철에는 개찰구를 중심으로 유인 매표소를 무인 자동화하면서 한 역당 2~3명의 역무원만 근무하는 부분적인 무인 역사가 실시되고 있다.

서울교통공사는 전자동운전을 도입하더라도 비상사태에 대처하기 위한 안전요원 역할로 기관사를 기관실에 태운 채 운행되는 형태가 될 것이라고 설명했다. 또 '스마트 스테이션' 사업을 추진해 지하철 역사에 사물인터넷, 센서 네트워킹, 고화질 CCTV를 설치하여 안전 위협과 재난에 대비하겠다는 취지도 밝혔다.

현재 실시되고 있는 무인 역사는 승차객 대부분이 신용(교통)카드를 사용하고 입출입이 모두 자동화되어 있으므로 크게 무리 없이 운영되고 있는 것으로 보인다. 지하철 노선 등 안내 사항 등도 이용객들이 스마트폰이나 안내 표지판을 통해 찾고 있으므로, 역무원의 역할이 크게 필요한 것 같지는 않다. 이쯤 되면 부분적인 무인 역사 정책은 인건비를 절감할 수 있는 포인트가 될 수 있다. 자동화된 지하철 이용 환경 변화는 '무인 역사' 운영에 타당성을 부여하기에 충분하기도 했다. 역마다 배치되어 운영되는 인력을 조정하거나 다른 직무로 전환할 수 있다면 비용상으로도, 업무적으로도 큰 도움이 되기 때문이다.

하지만 시민들은 불안해했다. 만에 하나 사고라도 나면 긴급 대응을 하거나 연락할 사람이 없다는 게 불안의 이유였다. 일상적인 경우에는 역무원이 필요 없지만, 그래도 자동화된 기계 시스템만 돌아가는 역사는 안전을 담보할 수 없다는 데 시민들은 많은 의견을 보탰다.

공공시설을 이용할 때 눈에 띄는 곳에 도움을 청할 수 있는 누군가가 있는지 없는지는 매우 중요하다. 필자도 자동화나 무인화는 피해갈 수 없는 대세라고 생각하지만 이용자들의 심리적 불안을 '경영 효율화'라는 논리로 무시해서는 안 되며, 실제 사고 발생 시 즉각 대응이 가능하도록 자동화와 인적자원의 현명한 조화가 이루어져야 한다고 생각한다. 기업에서 '비용'과 '효율화'가 앞설 때 안전 관련 항목이 포함되지 말라는 법은 없으니 말이다(2018년 11월, 지하철 무인화 정책은 서울교통공사 노조의 반발로 철회된 상태이다).

나를 귀찮게 하는 건 싫지만, 혼자 있고 싶지는 않다

기업은 '운영비 효율화'와 '고객서비스 품질'의 균형을 고민하며 자동화 영역을 확대해가고 있다. 이런 배경에는 음성 통화와 같은 적극적인 연락을 불편해하는 고객이 많아진 것도 있지만 검색과 모바일에 익숙해진 고객이 증가한 이유도 있다. 자동화 영역의 확대는 또한 고객 스스로 업무를 처리할 수 있는 다양한 방법을 제공하여 편의성을 높인다는 장점도 지닌다.

그렇지만 고객은 자신을 귀찮게 하는 것은 싫어하면서도 꼭 혼자 있고 싶어 하지는 않는다. 즉 대면은 싫어해도 연결은 원하는 것이다. 이를 더 정확히 표현하면 고객은 '자신이 필요할 때는 언제든 도움받을 수 있는 창구와 연결되기를 필요로 한다'라고 쓸 수 있을 것이다.

온라인 쇼핑을 예로 들어보자. 좋아하는 상품을 검색하고, 궁금한 정보나 사용자들의 후기를 찾아보는 것은 그 자체만으로도 고객에게 큰 즐거움을 준다. 그리고 이것이 주문과 배송으로 이어지면 굉장한 만족감으로 이어진다. 택배를 기다리는 시간이 가장 행복하다는 세간의 말이 괜한 소리가 아닌 것이다. 하지만 나에게 문제가 생겼을 때 이를 해결해주거나 도움을 청할 수 있는 창구가 없다면 쇼핑의 즐거움은 크게 감소할 수밖에 없다. 24시간 주문이 가능하다면 24시간 언제나 답을 줄 수 있는 창구도 고객에게는 의미가 있을 것이다. 앞서 기술한 오프라인 매장의 경우도 고객이 호젓하게 물건을 둘러보고 선택할 수 있도록 거리를 두며 지켜보다가 고객이 원할 때는 즉시 다가가 도움을 주어야 고객만족도가 올라간다. 고객 스스로 매장을 탐색하고 살펴보는 것이 하나의 즐거움이지만, 찾는 상품이 없거나 찾는 물건의 위치를 몰라 즐거움의 흐름이 깨질 때가 바로 도움이 필요한 시점이 되는 것이다.

인천공항에는 항공사에서 운영하는 셀프 체크인 기기가 설치되어 있다. 설치된 의미대로라면 고객 스스로 셀프 체크인을 통해 티케팅을 해야 하지만, 대부분의 경우 기기마다 도우미 직원이 서

스스로 모든 절차를 진행해야 하는 공항의 셀프 체크인 데스크에서조차 고객들은 연결을 원한다.

있다. 셀프 체크인을 원활하게 하지 못하는 승객이 많다 보니 자동화 기계 옆에서 티케팅을 대신 해주는 숙련자가 배치된 것이라 짐작한다.

온라인 거래가 활발해지면서 온라인 사업자 간 제휴도 다양해졌다. 뿐만 아니라 온·오프라인 매장이 함께 움직이는 옴니채널 모델도 증가하고 있다. 업종에 따라서는 1년 365일 24시간 운영되는 콜센터도 있고, 온라인에서는 언제든 불만 접수가 가능하도록 다양한 창구가 운영되고 있다. 기업의 적극적인 연락이 부담스러운 고객들에게 자동화 서비스의 확대는 꼭 필요하다. 하지만 단순히 접수만 받는 창구를 고객 창구라고 할 수는 없다. 필자는 고객서비스가 추구하는 목표를 너무 큰 그림의 '고객만족'보다는 좀 더 구체적으로 '고객 문제를 해결'하는 것으로 잡아야 한다고 생각한다. 이것은 고객이 필요에 따라 누리는 노력과 시간 이외의 불필요한 노력과 시간은 쓰지 않아도 되게끔 목표를 설정한다는 것을 의미한다.

주문 즉시 배송 절차가 시작되고 보다 짧은 시간 내에 배송하려는 노력만큼 고객의 요청과 불만 사항도 짧은 시간 내에 처리된다면 고객과 기업의 관계는 더욱 강화될 것이다. 사람은 누군가와 연결되어 있을 때 안정감을 느끼듯이 고객도 자신이 거래한 곳과 연결되어 있을 때 '안심'이라는 신뢰를 가지게 된다. 오프라인처럼 온라인 쇼핑을 하는 고객들에게는 시스템화 기반의 셀프 서비스든 사람이 직접 제공하는 서비스든 실제 필요한 것은 바로 '안심'할 수 있는 환경임을 명심해야 할 것이다.

고객만족도보다 재구매율이 중요하다

디지털 시대에도 고객만족 점수가 유효할까?

온라인 유통 채널의 확산은 소비자의 구매 선택권을 극한으로 넓혀주었다. 같은 상품이라도 더 싸고 조건이 좋은 곳을 찾아 쇼핑 여행을 하는 것은 이제 소비자에게 하나의 즐거움으로 자리 잡았다. 이런 환경은 기업이 고객만족에 더 집중하도록 만들었고, '고객서비스가 기업을 살린다'는 필자의 생각도 이런 극도의 경쟁 환경에서 출발했다.

기업이 고객만족을 관리하는 목적은 고객에게 지속적으로 선택받기 위해서이다. 하지만 아쉽게도 고객만족 향상 노력과 고객 선택을 연계한 관리를 제대로 하고 있는지는 의문이다.

'고객만족이 높다'는 말은 서비스나 상품을 경험한 고객이 다시 그 서비스나 상품을 선택할 확률이 높아짐을 전제로 해야 한다. 실제로 '재구매율' 지표가 높아지거나 적정 수준을 유지하는 결과가 나오면 가장 좋은 상황이 된다. 그래서 기업들은 고객만족을 높이는 다양한 노력을 하고 만족, 불만족에 대한 결과를 얻기 위해 설문조사를 한다. 그중 대표적인 조사가 바로 고객만족도 조사(CSI, Customer Satisfaction Index)이다. 고객만족도 조사는 국내에서 한국능률협회컨설팅이나 한국생산성본부와 같은 몇몇 기업이 수행하고 있다. 이들은 매년 업종별로 고객만족도를 조사하고 '고객만족도 1등' 기업을 선정하여 발표한다. 선정된 기업은 이를 대고객 홍보용으로 적극 활용하는데, 어떤 기업은 10년 이상 연속 1등을 차지하며 고객만족도가 높은 기업임을 홍보 문구로 내걸기도 한다.

하지만 디지털 환경으로 전이된 지금, 아날로그 환경에서 적용되던 고객만족도의 조사 방식이나 설문 유형에 따른 결과를 그대로 받아들여야 할지에 대해서는 잠시 생각해볼 필요가 있다. 이것이 과거의 서비스 향상 노력에 대한 성적으로는 의미가 있을지 모르지만, 고객과 경영 환경이 디지털 변화 추이와 함께 빠르게 바뀌는 온라인 업종에서는 과거의 장점과 단점에 대한 반성이 미래의 고객만족을 담보해주지 못하기 때문이다. 한편으로는 설문 항목에 매칭된 서비스 활동 강화로 고객만족 점수를 높이는 것이 용이한 경우도 발생한다. 이때 강화한 서비스 활동이 고객의 의중을 제대로 파악한 내용이라면 그나마 다행이지만 그렇지 않다면 무슨 의미가 있을지 의문이다.

무엇보다 '고객만족도 1위 기업'이라는 명예는 이제 더 이상 고객에게 큰 감흥을 주지 못한다. 공신력을 갖춘 전문 기관의 조사 결과보다는 고객 자신의 경험이나 온라인상에 존재하는 타인의 경험을 더 신뢰하는 추세가 영향을 미치고 있기 때문이다. 그래서 일부 기업은 고객만족도 조사를 포기하는 경우도 있다.

뜬구름 잡는 고객만족 점수

서비스 향상 노력으로 경쟁 회사보다 높은 고객만족 점수를 확보하는 것은 해당 기업에게는 매우 긍정적인 결과이다. 그러나 안타깝게도 만족도가 낮은 항목(불편/불만)을 개선한다고 해서 고객만족도가 향상된다는 보장은 없다. 그만큼 고객 환경이 디지털 기반으로 크게 변화했고, 고객의 만족 포인트도 대중적이기보다는 개인별로 다양해지고 있으며, 고객이 신뢰하는 정보 채널도 기업이 제시하는 정보에서 자기 경험과 온라인 정보로 이동했기 때문이다. 그렇다 보니 연 단위 조사 결과로 고객의 마음을 읽어가는 것이 엇박자를 낼 때도 있다.

필자도 매년 고객만족도 조사 결과를 마음 졸이며 기다렸고 꼼꼼히 보고서를 들여다보며 부족한 부분을 개선해보았지만 개인적 경험으로도, 일부 학자들의 연구에서도 고객만족도와 고객 충성도 간 상관관계는 그리 크지 않았다. 다시 말해, 고객만족을 위해 많은 자원을 투자한다고 해서 그 결과로 고객 충성도가 비례해서 높아지거나 매출로 직결되는 것은 아니라는 뜻이다. 반면에 고객만족도가 낮아지면 충성도나 매출에 악영향을 주는 경우는 있었다.

필자는 경험을 통해 고객만족도에는 '천장효과(Ceiling Effect: 어떠한 수준이 이미 최상위여서 성취도나 수치가 더 이상 올라가지 않는 현상)'가 있음을 알게 되었고, 이는 고객만족 관리가 무엇을 바라보며 움직여야 하는지 생각해보는 계기가 되었다. 고객만족도 향상이라는 목표를 달성하기 위해 새롭고 편리하고 차별화된 서비스를 찾아 헤맸지만, 그 결과가 무엇을 향해야 하는지 보지 못하고 개별 서비스에만 매달린 것은 아닌가 하는 반성도 하게 되었다.

고객서비스 분야의 평가 결과는 '고객만족도 향상'이었고 목표는 고객만족도 1등인 경우가 많다. 그리고 그 끝에는 외부 전문기관의 조사 보고서가 있었다. 그나마도 조사 보고서에 표현된 경쟁사와의 점수 차이가 근사치 이내에 있는 경우도 많아 1등, 2등의 의미가 무색할 때는 계속 뜬구름을 좇는 느낌이었다.

이런 상황에서 필자는 맹목적으로 고객만족을 높이는 데 집중하는 것은 아닌지 짚어보고 고객만족이 끌고 오는 결과가 무엇인지 재정의해야 한다고 생각했다. 기업이 고객만족을 높이기 위해 노력하기 시작했던 그 원점으로 돌아가볼 필요가 있었다.

이런 다짐을 한 필자에게 미국 토요타 부사장인 데이브 일링워스(Dave Illinyworth)의 다음과 같은 말은 큰 공감을 불러일으켰다.

"고객만족을 측정할 수 있는 유일한 방법은 재구매율이다."

재구매는 고객만족의 바로미터

재구매율이란 상품을 한 번 구매한 고객이 다시 구매하는 비율을 말한다. 고객은 여러 상품을 한 기업의 채널에서 구매할 수도 있고, 한 가지 상품을 지속적으로 구매할 수도 있다. 예컨대 기저귀와 같이 지속적으로 소모되는 상품은 단위 상품별 관리가 가능하지만, 실제 재구매율은 브랜드 특성을 많이 따라간다. 어쨌거나 재구매율은 고객 충성도와 상품 매력도, 구매 편의성과 같은 지속적인 고객만족이 전제되어야 유지 또는 향상이 가능하기 때문에 고객과 기업, 고객과 브랜드 간 신뢰를 바탕으로 한다. 고객은 조금 비싸도 신뢰할 수 있는 기업이나 유통 채널에서 상품을 구매하는 성향이 있는데, 이는 같은 상품이라도 대기업이나 전문 기업을 선택하는 것이 본인의 구매 활동에 '안심'할 수 있고 상품, 서비스에 대한 '신뢰도'를 높일 수 있어서이다.

하지만 재구매율은 영업과 마케팅 부문에서 오래전부터 관리하고 있는 지표이다. 이전부터 존재했던 지표이고 고객만족의 결과가 기업 매출과 연동되는 가시적 지표임에도 고객서비스 분야에서는 재구매율에 큰 의미를 두지 않았다. 다만 고객만족도 점수를 높여 '고객만족 1등 기업'이라는 목표 달성에 집중해왔는데, 이는 기업이 고객에게 지속적으로 선택되고 싶은 노력이 무엇을 향해야 하는지 명확히 정의하지 못해서 고객의 선택 지표와 분리되어 관리된 결과이다.

고객서비스 부서는 고객이 생각하고 느끼는 것을 읽어내고 기업 조직에 즉시 반영할 수 있는 틀을 만들어 고객에게 신뢰를 줄 수 있어야 한다. 그렇게 한다면 과거의 서비스 개선 노력에 대한 고객만족은 물론 미래의 고객만족도 일정 부분 담보할 수 있다. 고객의 구매 환경에 영향을 주고 고객 신뢰를 얻는 환경을 구축할 수 있기 때문이다. 고객이 지속적으로 자사의 제품을 선택하게 하는 가장 확실한 방법은 신뢰를 구축하는 것뿐이다. 신뢰를 가지는 것은 고객이 안심할 수 있음을 의미한다. 그리고 이것이야말로 고객서비스 부서에서 수행해야 하는 큰 그림의 '고객 경험 관리'이고, 그 결과물은 재구매로 나타날 것이다.

고객서비스가 돈을 벌어준다

돈 쓰는 부서가 돈이 된다

기업은 다양한 역할을 가진 부서들이 모여 경쟁과 협업 속에서 성장해가는 유기체이다. 그러나 이 경쟁 속에서도 각 부서들은 최종적으로 '돈을 버는 부서'와 '돈을 쓰는 부서'로 나뉠 수 있다. 물론 비용을 쓴다는 것도 매출 증대를 지원하는 경우가 대부분이므로 현실상 이를 정확히 가른다는 것은 의미가 없는 일이다. 회사 내 부서의 활동은 모두 회사의 발전을 위한 것이기 때문이다. 필자도 이런 식의 구분이 불필요하다고 생각하지만, 이런 시각이 존재하는 것도 사실이다.

필자는 고정성 비용으로 관리되는 콜센터 운영비와 고객서비스 관련 유지비(보상 비용, 시스템 유지비 등)를 담당하면서 오히려 '고객서비스로 돈을 벌 수는 없을까?'라는 엉뚱한 상상을 해보곤 했다. 또 조직 간부로서 내 업무 분야에서도 매출이나 이익에 기여했으면 좋겠다는 바람을 가졌고, 고객서비스 분야도 고객서비스로 실 매출에 기여할 수 있는 방법이 분명 있을 것이라고 생각했다. 고객서비스의 본질을 생각하면 굳이 필요한 일은 아니지만, 만약 가능하다면 기여분의 일부를 다시 돌려 고객서비스 개선에 투자할 수 있는 재원 확보가 가능하리라는 소박한 희망도 일부 품었다.

일반적으로 지원 부서가 매출과 이익에 기여하는 가장 손쉬운 방법은 예산을 절감하는 것이지만 고객서비스 분야의 비용 절감은 자칫 고객서비스 품질 저하로 이어질 확률이 크다. 예컨대 보상 수준을 조정하거나 불요불급한 서비스를 중단하는 등 방법은 여러 가지가 있지만 서비스 품질을 저해하는 비용 절감은 가장 최후에 꺼내들어야 하는 카드이기에 운신의 폭은 넓지 않다.

자포스와 스타벅스의 돈 버는 서비스

고객서비스를 통해 돈을 버는 대표적인 회사는 자포스이다. 자포스는 신발이라는 명확한 상품 아이템을 가지고 출발했지만 유통사로서의 본질과 핵심을 고객서비스에 두었고, 콜센터 직원들의 차별화된 응대 방식으로 고객의 폭발적인 관심과 지속적인 이용률을 이끌어내 전 세계에 그들의 존재를 각인시켰다. 서비스 차별화만으로 기업의 매출과 성장을 견인한 이 회사의 서비스 모델은 결국 아마존의 인정을 받아 거액에 인수되면서 서비스로 기업 가치를 극대화한 대표적인 사례가 되었다. 그러나 자포스는 출발점부터 남달랐기에, 이미 자기 색깔을 가지고 운영 중인 기업에서 응용하기에는 불가능한 모델이라고 필자는 생각한다. 아직까지 제2의 자포스가 시장에 나왔다는 소리는 듣지 못했으니 필자의 이 같은 판단은 현재로서는 유효한 것 같다.

필자가 보기에 일반 기업에게 자포스보다 현실적인 벤치마킹 사례는 '스타벅스 선불카드'와 '마이 스타벅스 리워드' 정도이다. 2018년을 기준으로 이미 사용자가 400만 명을 돌파한 이 서비스는 선불카드 자체만으로는 특이점이 없으나 '마이 스타벅스 리워드'라는 서비스 프로그램이 결합되면서 필자가 생각하던 '고객서비스가 돈을 벌어주는 모델'이 되었다. 리워드 서비스는 고객이 스타벅스 선불카드 회원으로 가입한 뒤 일정한 금액을 입금하면, 주문 때 편리하게 쓸 수 있을 뿐 아니라 각종 이벤트 프로모션에 참여할 기회가 주어지는 등 다양한 혜택을 제공하고 있다. 사용하기에 편리하고 서비스의 이름처럼 '고객 리워드'도 적당한 시간에 적절히 운영되고 있어 고객들의 호응도가 매우 높다. 복잡한 전제 조건이 없어 예측 가능한 승급 체계와 커피 몇 잔을 마시면 다시 커피로 돌려받는 단순한 구조는 편리한 서비스와 적절한 고객 혜택이 조합을 이루어 사용자가 점점 늘어나는 추세이다.

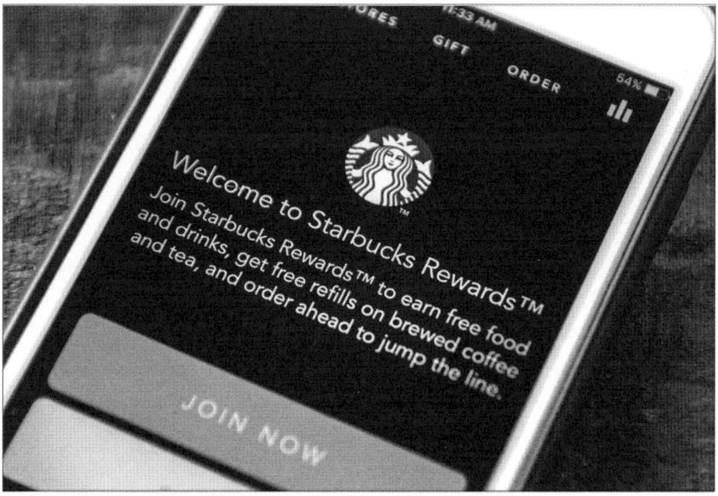

스타벅스 리워드는 '상품 출시 전에 미리 팔아놓는' 최고의 영업 서비스 프로그램이다.

무엇보다 이 서비스의 가장 큰 장점은 스타벅스가 커피라는 실물 상품을 팔기도 전에 현금을 확보할 수 있다는 점이다. "최고의 영업 사원은 상품 출시 전에 미리 팔아놓는다"라는 말이 있는데 스타벅스는 서비스 프로그램만으로 커피를 팔기도 전에 현금으로 매출을 확보하고 있는 셈이다. 서비스에 기반한 사전 현금 확보라는 이 멋진 모델이 스타벅스의 선불카드와 '마이 스타벅스 리워드'였다.

비용을 줄여준 카카오톡 메신저

이번에는 서비스 품질을 유지하면서 비용은 획기적으로 절감했던 사례이다.

온라인 쇼핑업에서는 전화 통화료와 문자 메시지와 같은 통신비가 차지하는 비용이 상당히 크다. 그깟 문자 메시지 비용이 얼마나 되겠냐고 생각하겠지만, 워낙 주문 고객이 많고 주문 한 번에 최소 두세 번의 안내문이 발송되다 보니 문자 메시지 비용만 억대를 지출하는 일이 흔하다. 그나마도 문자 바이트 수 제한이 있어 내용이 긴 메시지는 단가가 더 높아지는 구조이다 보니 건당 4~5원만 감소시켜도 월 몇천 만 원을 아낄 수 있다.

앞에서도 언급했듯이 고객서비스 분야에서 비용 절감은 회사에 순간적으로 도움이 될지 몰라도 고객서비스 품질과 맞바꿔야 하는 상황이 대부분이라 그다지 좋은 선택은 아니다. 따라서 서비스 품질은 반드시 유지되거나 향상을 전제로 하되 비용은 절감하는 방법을 찾아야만 한다.

이런 고민 중에 마침 관련 서비스 업체에서 제안이 들어왔는데, 제안 내용이 위의 조건에 딱 들어맞았다. 당장 팀에 담당자를 두고 기존에 사용하던 KT의 일반 문자 메시지를 카카오톡 메신저로 전환하는 방안을 검토했다. 서비스 안정성과 메시지 용량, 비용 절감과 함께 고객서비스 품질에 영향을 주지 않음을 확인한 후 우리는 이를 적극적으로 도입했다.

서비스 부문의 시스템은 인프라 성격이 크기 때문에 신기술이 적용되어도 쉽게 바꾸기가 어렵고, 반드시 대규모의 투자비를 수반한다. 하지만 카카오톡 메신저는 서비스 기술을 이용하는 만큼만 사용료를 지불하는 구조라 투자비가 필요 없고, 많은 고객들이 사용하는 시스템이다 보니 접근성도 좋았다. 다른 경쟁 서비스도 검토했지만 비용은 더 저렴해도 사용 인구가 많지 않아 포기했다. 이렇게 카카오톡으로 시스템을 전환함으로써 품질은 유지하면서도 연간 8억~9억 원의 비용을 절감하는 우수한 성과를 낼 수 있었다. 동종 업계 내에서는 도입이 빠른 편이었지만 타 업종에서는 이미 여러 기업에서 카카오톡 메신저를 활용하고 있었다.

고객서비스로 돈을 버는 방법은 크게는 고객이 지속적으로 찾아오게 만드는 방법을 제시하거나 고객 편의성과 혜택을 담보로 서비스를 미리 팔아 고객이 떠나지 않고 계속 이용하게 만드는 방법이 있다. 즉 기업과 고객이 1:1로 만날 수 있고 지속적으로 사용할 수 있는 서비스 인프라를 제공해야 하는데 그 인프라는 반드시 고객에게 편익을 주어야 한다.

고객을 만족시켜 서비스 만족도 1위의 기업이 되는 것도 좋고, 이를 적극적으로 홍보에 활용하는 것도 좋다. 그렇지만 진정한 고객만족의 결과는 고객의 지속적인 선택과 재구매 증대로도 측정할 수 있다는 것을 고객서비스 담당자들은 명심해야 한다.

이제는 상품과 서비스가 둘이 아닌 하나이기 때문에 기업의 매출과 이익은 영업 부서만의 전유물이 아니라는 점도 기억해야 한다.

변혁의 시대, 새로운 고객서비스 컨트롤러를 준비하라

가장 나쁜 기억이 가장 오래 기억된다

고객만족도 관련 설문 조사에서 고객이 불만족했다고 평가할 때는 일상에서 경험한 평균적인 서비스를 말하는 것이 아니다. 고객들은 주로 '가장 나빴던 경험의 기억'을 불만족으로 표시한다. 아홉 번의 쇼핑 경험이 평균 이상의 만족을 주었어도 한 번의 나빴던 경험이 전체 서비스를 불만족으로 느끼게끔 영향을 미치는 것이다. 그래서 불만을 제기하는 고객에게는 만족할 만한 해결책을 제시할 수 없더라도, 고객 입장에서 '나쁜 경험'이 되지 않도록 유의해야 한다.

고객의 '나쁜 경험'은 상담 직원의 불친절일 수도 있고 말투일 수도 있다. 또는 고객과의 약속을 지키지 않거나 회사 입장만을 강조한 경우일 수도 있다. 이때는 고객의 요구 사항을 모두 들어줄 수는 없어도 적극적으로 해결하기 위한 태도를 보여야 한다. 고객들은 자신의 요구가 안 받아들여져서 불만족을 느끼기도 하지만 이때 회사가 고객이 받은 인상을 어떻게 관리하느냐에 따라서도 불만족의 질이 달라질 수 있다. 예컨대, 감성적인 소통에 실패함으로써 고객이 '나쁜 경험의 기억'을 가질 확률이 높은 것이다. 상담 직원은 고객이 서비스에서 받은 인상을 분명하게 파악하고, 다양한 방법을 사용하여 고객의 인식이 부정적이지 않도록 관리해야 한다. 이것은 단순히 친절만으로는 해결할 수 없는 것이고, 고객 접점 현장에서 즉시 대응해야만 효과가 좋다. 현장 직원에게 문제 해결에 필요한 전반적인 권한을 이양해주어야 하는 이유가 여기에 있다.

고객서비스의 진정한 척도는 현재의 만족, 불만족에 대한 표현이 아니고, 이후에 발생하게 되는 고객 행동에 있다. 고객서비스로 경쟁력을 가지려면 고객 경험의 추적과 고객이 받은 인상, 향후 고객 행동을 관리하고 대응하는 시스템을 갖추어야 한다.

베스트보다는 유니크

21세기는 고객들이 생각하고 선택할 게 너무 많은 정보과잉 시대이다. 고객이 매장에서 상품을 집어 들거나, 인터넷이나 모바일 앱 화면을 이리저리 옮겨 다니다가 클릭하는 포인트가 있다. 상품을 집거나 화면을 클릭하는 포인트란 다른 말로 '고객의 선택이 발생하는 지점'이라고 말할 수 있는데, 노벨경제학상을 수상한 대니얼 카너먼(Daniel Kahneman)과 아모스 트버스키(Amos Tversky) 교수는 바로 이 지점이 '유니크(Unique)'함의 속성이 된다고 말한다.

정보가 차고 넘치는 시대에 고객들은 매번 비교 우위를 따져가며 상품을 선택하기가 번거로우며 또 선택에 대한 확신을 가지기도 어렵다. 물론 이런 과정 자체를 즐기는 사람도 많으니 나쁘다, 좋다의 판단을 여기서 할 필요는 없을 것이다.

고객들은 기업이 제공하는 서비스 환경에서 확실히 구별되고 고객 관심과 통하며 특정 부분에서 탁월성을 가진 상품을 접할 때 그 화면을 클릭하거나 상품을 구매하게 된다. 이런 것을 '유니크하다'고 말할 수 있는데, 이는 고객 선택의 부담을 확실하게 줄여주는 역할을 할 수 있다.

하지만 서비스에서 유니크함의 속성을 가지기는 매우 어렵다. 서비스를 제공하는 기업이 문화적, 조직적 연계성을 바탕으로 고객 지향 마인드가 지속될 때 기업은 같은 상품이나 서비스도 독특하게 변화시킬 수 있다. 만일 회사 정책과 맞지 않는 고객 요구가 접수되면 기존의 것과 비교하여 다른 것을 찾아내고, 수용하고 연구하여 해결해내는 역량을 갖추어야 한다.

베스트 서비스(Best Service)는 언제든 카피(Copy)가 가능하지만, 유니크한 서비스는 기업 경쟁력을 높이고 고객으로 하여금 스스로 찾아오게 만든다.

디즈니랜드의 따분함을 잡아라

지금은 손 안에 쥐어진 모바일 기기만으로 세계 여러 나라 상품을 탐색할 수 있고, 약간의 수고를 들이면 직접 구매도 가능하다. 이것이 의미하는 바는 같은 상품이 여러 곳에서 판매되고 과거에는 수입 업자들만 가능하던 수입을 개인들도 할 수 있기 때문에 '어디서'보다는 '어떻게' 구매할 수 있는지가 중요한 시대가 되었다는 것이다. 특히, 제조업이 아닌 유통업에서는 '어떻게' 구매하게 할 것인가를 중요 화두로 삼아야만 한다.

'어떻게'라는 화두에서 확실한 서비스 격차가 발생하기 때문에 이제는 고객에게 '왜?'라는 질문을 던지기보다 기업 스스로가 '어떻게'라는 질문을 품어야만 고객 문제를 유니크하게 해결하는 가치 제안이 가능하다.

기업이 가장 바라는 모델은 비용을 낮추면서도 고객서비스를 향상시키는 방법일 것이다.

미국 디즈니랜드에서 있었던 일이다. 디즈니랜드의 놀이 기구는 늘 인기가 있어 원하는 놀이 기구를 타려면 길게 줄을 서야 한다. 하지만 놀이 기구를 탈 때까지 대기 시간이 지나치게 길어 고객들은 놀이 기구에 대한 기대감이 따분함으로 변하는 순간을 맛보곤 한다. 디즈니랜드의 스텝들은 고객들이 긴 줄을 서 있을 때 따분함을 느낀다는 점을 파악하고는 이를 개선할 수 있는 방안을 강구하기 시작했다. 대기 줄에 서 있을 때 따분함이 생기는 시간(구간)을 측정하고, 그 장소에 도우미를 배치하거나 비디오 또는 거울을 설치하여 변화를 주려 했다.

다행히 고객들은 중간중간 배치된 도우미나 장치들을 통해 따분해지는 시간을 대폭 줄일 수 있었고, 더불어 만족도는 향상되었다. 뿐만 아니라 디즈니의 고객서비스 공학자들은 "왜 고객이 따분해할까?"가 아닌 "어떻게 고객을 따분하지 않게 할까?"를 궁리

디즈니랜드는 '왜'가 아니라 '어떻게'에 집중해 줄 서서 기다려야 하는 고객의 경험을 개선했다.

한 결과 대기 줄을 일부러 구불구불하게 설계하여 고객들로 하여금 계속 앞으로 나간다는 느낌을 갖도록 만들었다.

만약 "왜 고객이 따분해할까?"라는 질문을 했다면 그에 대한 답변은 "대기 줄이 길어서"였을 것이고, 공학자들은 대기 시간을 줄이는 방법을 연구했을지 모른다. 하지만 대기 시간을 30퍼센트 이상 줄여도 고객은 여전히 따분하다고 느낄 것이다. 여기서의 핵심은, 같은 상황이라도 고객이 받게 되는 '인상'을 바꾸어 고객의 다음 행동을 변하게 만들었다는 것이다.

이와 비슷한 사례가 엘리베이터에 붙은 거울이다. 엘리베이터를 기다리는 고객은 엘리베이터의 속도가 느리다는 불평을 하곤 한다. 기다리기 지루한 느낌을 가지게 되기 때문이다. 하지만 엘리베이터 속도가 아무리 빨라도 기다림의 시간은 발생할 수밖에 없고, 고층 건물이라면 지루함은 사라지지 않는다. 이런 고객 불평을 해결하기 위해 전문가들은 고객을 관찰했고 한 가지 힌트를 얻게 되었다. 그들은 엘리베이터의 속도를 조절하는 대신 입구 옆에 거울을 설치했다. 그 결과 기다리는 시간이 길다는 고객 불평이 줄어들게 되었다.

이 사례도 "엘리베이터를 기다리기 지루하다"는 문제에 "왜?"라고 질문했다면 "엘리베이터 속도를 좀 더 높이자"는 답이 나올 법하다. 하지만 엘리베이터의 속도를 좀 빠르게 한다고 기다림이 아예 없어지는 것은 아니며, 고객들은 여전히 속도를 놓고 불평불만을 늘어놓을 것이다. 엘리베이터에 부착된 거울은 기다리는 시간을 지루하지 않게 보내도록 고객의 인식을 관리하여 긍정적인 효과를 이끌어낸 묘책인 셈이다. 상품 자체만으로 격차를 벌리기에는 한계가 있지만 서비스를 어떻게 하느냐에 따라서 큰 격차를 가져올 수 있음을 잊지 말자.

유니크한 고객 가치, 조직 기능의 융합이 필요하다

인터넷과 모바일의 네트워킹은 개인이 대중의 지식에 접근함으로써 더 현명한 구매 결정을 내릴 수 있게 해주었다. 특히 모바일은 상시로 대중 커뮤니케이션을 가능하게 했고, 수직에서 수평으로, 1:1에서 1:N 소통이 용이한 환경을 만들었다. 이런 환경은 개인의 구매 활동에 영향을 끼치며 어떤 상품을 구매하기 전에 필수 코스로 인터넷 검색을 하게 만들기도 했다. 고객은 기업과의 소통보다 이런 개인 간 연결성에서 더 많은 정보와 대리 경험을 얻고 있는데, 이것은 직접 보지 않고 구매하는 환경에서 위험성을 회피할 수 있는 방법이기도 하다. 예컨대 영화를 보기 전에 온라인에서 영화평이나 후기를 검색하고 영화표를 결제하거나, 책을 구매할 때 대형 서점의 베스트셀러를 먼저 검색하고 관련 서평을 찾아보는 활동도 상품 구매 시 발생 가능한 위험을 예방하고 안정성을 확보하고자 하는 심리이다.

지금은 개인을 떠나 대중의 지식과 경험을 활용하는 환경을 살고 있기 때문에 기업도 '대중적 개인'과 소통할 수 있는 조직 구조와 기능을 갖추어야 한다.

가장 우선적인 것은 고객의 기대치와 실제 경험하는 격차가 최소화되도록 하여 신뢰를 확보하는 것이다. 상품 자체가 좀 부족하더라도 일단 팔고, 이후 발생하는 문제는 고객서비스를 통해 별도로 감당하게 하는 것은 과거의 모습으로 남겨두어야 한다.

주부 A는 고등학교에 다니는 아들이 요즘 밥맛이 없다며 식사를 잘 안 하려고 해서 고민이 많았다. 드라마나 한 편 보려고 TV를 켰는데 마침 홈쇼핑 채널에서 떡갈비를 팔고 있었다. 맛깔난 색깔에 크기도 크고 두툼한 떡갈비를 구워내는 장면을 보는 것만으로도 입에 침이 고였다. A는 아들의 입맛을 돋워줄 생각에 주저 없이 주문 버튼을 눌렀다.

드디어 주문한 떡갈비가 배송되어 박스를 열었을 때 A는 방송에서 보던 떡갈비와는 크기며 두께가 상당히 다른 제품이 들어 있는 것을 보았다. 냉동식품이라 그런가 싶어 프라이팬에 구워보았지만 홈쇼핑 방송에서 보던 그 제품이 아니었다. A는 콜센터에 전화를 걸어 따져 물었지만 똑 부러지는 답변을 들을 수 없었고, 찜찜한 마음으로 떡갈비를 상에 올릴 수밖에 없었다. 그나마 맛이라도 있어 다행이라고 위안하면서도 A는 실망한 마음에 입맛이 씁쓸했다.

이는 주로 고객의 기대치를 한껏 높여 구매를 일으켰으나 영업과 고객서비스, 품질이 함께하지 못한 경우 발생할 수 있는 상황이다. 방송은 고객이 많이 유입되도록 하면 되고, 영업은 많이 팔면 되고, 품질은 법적 기준 내에서 품질 이슈가 없도록 하면 되고, 고객서비스는 고객 불만이 적게 발생하면 된다.

그런데 정말 이것이 다일까? 조직마다 저마다의 목표가 다르고 각자 나름대로 역할을 충실히 한 것이지만, 고객이 저런 경험을 겪었다면 이 결과는 기업에게 결코 도움이 되지 않는다.

필자는 고객에 관한 최고경영자의 철학을 지키며 어떤 상황에서도 고객에게 가장 좋은 것을 실행하고 기업 이익에도 반하지 않도록 하는 코디네이터 조직이 필요하다고 생각한다. 이 코디네이터 조직을 고객 경험에 직접적인 영향을 미치는 기업의 조직을 융합하여 컨트롤하는 방안이 될 수 있다. 기존 조직 구조에서 각 부서간의 프로젝트성 협조 관계가 아닌 업무 융합을 통한 상시 조직 기능으로의 변화가 필요한데, 코디네이터 조직은 이를 가능하게 해줄 수 있으리라 생각한다.

스마트 시대를 관통하면서 고객들의 안목과 요구 사항은 더욱 높아졌다. 사물인터넷, 옴니채널 등 스마트해지는 고객 환경과 소비 패턴에 발맞춘 서비스 경쟁력을 확보하고 싶다면 이를 추진하기 위한 조직의 재편은 필수이다.

고객을 중심에 두고 시너지를 낼 수 있는 조직을 융합시켜 하나로 달리게 해야 하고, 반드시 IT를 포함하여 프로세스의 앞과 뒤를 관통하는 기능이 함께해야 한다. 기업은 이런 선순환 구조를 만드는 조직에 관심을 가져야 한다. 이는 고객의 충성을 유지시킬 수 있도록 전체적으로 총괄하는 조직으로, 필자는 이를 CLO(Customer Loyalty Officer) 조직이라 부른다.

6장

고객서비스로 기업의 가치 사슬을 혁신하라

고객을 읽는 세 가지 도구

같은 대상, 다른 결과의 원인은?

고객만족은 모든 기업의 관심사라 해도 과언이 아니다. 고객을 상대하는 기업이라면 당연히 고객만족을 통해 성장하고 싶지 않을까? 그래서 기업들은 정기적으로 그들이 수행하는 고객서비스에 대한 만족도를 조사하고 피드백을 얻으려 한다. 고객이 우리 서비스에 만족하는 것은 무엇이고 불만족하는 것은 무엇인지를 인지할 수 있고, 경쟁사 대비 장단점을 비교하여 현재의 수준을 파악해보는 것이다.

고객만족을 관리하는 방법은 크게 두 가지로 볼 수 있다.

첫째는 고객이 체감하는 서비스 수준을 높이는 것이고, 둘째는 서비스에 대한 고객 기대 수준을 낮추는 것이다. 여기에 기준점으로 작용하는 것이 '가격'이다. 가격이 높으면 당연히 서비스(품질) 기대는 높아지고, 이를 충족하지 못하는 즉시 불만이 발생한다. 가격이 낮으면 기대치도 낮아지게 되지만 이럴 때 의외로 품질이 좋은 경우 만족도는 무척 높아지게 된다.

하지만 이론적인 고객만족 관리 방법을 몰라서 못 하는 것은 아닐 것이다. 이보다는 복잡한 요소들이 작용하기에 고객만족 관리는 어렵다. 그래서 기업들은 여러 방법을 통해 고객과 소통하며 고객의 의중을 알아내려 한다. 대표적인 고객을 대상으로 하는 조사는 브랜드파워 지수(BPI, Brand Power Index), 고객만족도(CSI), 순 추천 고객 지수(NPS, Net Promoter Score) 조사 등이다.

위 조사 방법은 각각 의미들이 있어 필요에 따라 기업들이 취사 선택하여 조사를 진행하면 된다. 브랜드파워 조사나 순 추천 고객 지수와 같은 조사는 주로 마케팅에서 다루고, 고객만족도 조사는 고객서비스 부서가 운영한다.

대표적인 브랜드파워 지수와 고객만족도 조사 방법에 대해 예를 들어 보자. 모 기업에서 비슷한 시기에 외부 기관에 의뢰하여 고객만족도 조사와 부서 브랜드파워 지수 조사를 실시했는데, 브랜드파워 지수 조사가 먼저 발표되었다. 결과는 업계 1등이었다. 경영진은 물론 많은 직원들이 이 소식을 듣고 기뻐했다. 그런데 몇 달 후 발표된 고객만족도 조사에서는 조사를 의뢰한 기업이 업계 1등을 하지 못했고, 심지어 항목 중에는 매우 낮은 평가를 받은 구간도 존재했다. 이 사례에서 이슈가 된 문제는 이 두 개의 고객 조사 결과가 조직원들에게 전달하는 메시지를 어떻게 해석해야 하는지에 대한 것이다. 두 조사 대상 모두 비슷한 고객층이었는데 브랜드파워 만족도는 업계 1등임에도 고객만족도 조사 결과는 그렇지 않다고 하니 두 조사에 대한 신뢰성 문제를 제기하는 사람도 있을 수 있고 좋은 결과만을 취사선택하는 조직도 나왔다. 두 조사 결과가 모두 좋았다면 별 문제 없이 넘어갔겠지만, 상이한 고객 조사 결과에 경영진도 잠시 동안 의미를 해석하는 데 어려움을 겪었다.

이런 상황은 어떻게 해석해야 할까? 이를 위해서는 먼저 각 조사들의 특성을 살펴볼 필요가 있다.

브랜드파워 지수

브랜드파워 지수는 주로 마케팅 부서에서 관리하는 지수로 고객이 회사 또는 브랜드에 대해 가지고 있는 이미지를 조사하는 것이다. 조사 대상은 해당 기업의 서비스를 이용해본 사람이나 이용해보지 않은 사람이나 상관없이 선정되고, 평가 항목은 해당 브랜드에 대해 가지고 있는 이미지를 중심으로 구성된다. 주로 대기업일수록, 유명한 회사일수록 브랜드파워 지수가 높아지는 경향이 있고 이 지수가 높을수록 고객의 기대 심리가 높다는 것을 의미한다.

고객만족도

고객만족도 조사는 해당 기업의 서비스 이용 경험을 가진 고객을 대상으로 하는 조사로 많은 기업들이 고객만족도를 측정하는 방법으로 채택하고 있다. 이용 경험을 가진 고객을 조사하기 때문에 그만큼 냉정한 평가 결과를 기대할 수 있다. 그러나 고객만족도가 정점에 달해도 고객 충성도가 높아지는 것은 담보되지 않는다. 따라서 경쟁사 대비 고객서비스 수준을 측정하고 경쟁력이 떨어지는 분야를 체크하는 데 유용하다.

순 추천 고객 지수

이 지수는 기업 서비스나 상품을 경험한 고객이 타인에게 추천하려는 의지를 측정하는 지수이다. 한때 고객만족도를 대체할 지표로 검토되기도 했다. 대체로 사람은 무엇을 추천하는 경우 소개 대상에 대한 평판에 신경을 쓰는 속성이 있으므로 자신이 좋다는 확신이 없으면 소개하는 일에 조심스러운 편이다. 따라서 이 관점에서만 본다면 매우 신뢰성 있고 강력한 지표라고 볼 수 있다.

통합 측정은 가능할까?

결국 고객만족 향상의 결과물이 '고객의 재선택을 통해 기업이 지속적으로 성장하는 것'이라고 볼 때 고객 관련 조사는 입체적으로 실시하고 유관 지표들은 교차 분석이 필요하다는 결론이 나온다.

그렇다면 다양한 고객 조사를 통합해서 측정하면 되지 않을까? 예컨대 기업에 따라서는 브랜드파워 지수와 고객만족도를 통합하여 측정하려는 경우도 있다. 물론 불가능한 것도 아니고, 조사에 소용되는 비용 대비 투자 효용성에서는 오히려 효과적일 수 있다. 다만 조사 방법마다 개발된 이유와 특성이 다르기 때문에 그 특성을 통합해서 분석할 수 있는 모델 설정을 다시 해야 하는 일이 그리 쉽지만은 않을 것이다.

앞서 사례로 돌아가보자. 브랜드 인지도와 만족도가 높다는 것은 실제 브랜드에 대한 경험 만족도일 수도 있지만 비경험 고객이 조사 대상에 다수 포함되는 경우 대기업이나 유명 기업에 대한 고객 기대 수준이 높은 것이다. 그런데 브랜드 인지도는 좋은데 고객만족도 조사 결과가 낮은 경우는 외견상으로는 고객 기대치가 높은 기업임에도 실제 서비스나 상품을 경험해본 고객들이 만족할 만한 수준의 경험을 제공받지 못했음을 의미하는 것이다. 즉 홍보 마케팅을 잘해서 상품이나 서비스 이미지는 한껏 높였으나 그를 뒷받침하는 운영 체계나 서비스 또는 상품은 그에 미치지 못했다는 것이다. 이 경우는 적절한 투자를 통해 고객의 눈높이에 맞는 서비스 체계를 개선하는 데 노력해야 한다.

적어도 고객이 기대하는 눈높이를 측정하고 있는 기업이라면,

실제로 서비스를 경험한 고객의 경험 만족도에 격차가 나도록 해서는 안 된다. 기대치는 한참 높여놓고 서비스나 상품 경험은 그에 미치지 못한다면 고객의 신뢰는 기대할 수 없다. 각 고객 지표의 특성을 잘 이해하고 업에 맞는 지표들을 골라 입체적으로 연계하여 의미를 분석할 때 우리는 고객을 바르게 읽고 공감하는 것이 가능해지리라고 생각한다.

고객 중심 경영을 향한 첫걸음, 평가 제도를 정비하라

1등을 목표로 선정하는 순간 길을 잃을 수 있다

오늘날 기업들에게 '고객만족'은 끝없이 지고 가야 하는 무한 책임과 같다. 이러한 기업 책임을 실천하기 위해 지향하는 것이 '고객 중심 경영'이다. 기업은 '고객 중심 경영'을 위해 선언문을 발표하고 대외적으로 소통하며 임직원 교육과 실천 가이드를 운영하는 등 고객만족 노력을 조직에 정착시켜나간다. 고객 중심 경영이라고 하면 보통 고객 불만을 해결하고 개선해나가는 것으로 생각할 수도 있지만 가장 먼저 고려해야 하는 것은 고객만족의 목표와 평가 방법이다.

조직 운영에서 측정과 평가는 매우 중요하지만, 고객서비스 분야의 측정과 평가는 개선해야 할 부분이 많다고 생각한다. 특히 기업의 본질을 망각하고 만들어지는 고객만족 실천 영역과 고객만족 방법은 반복되는 선언문만 산출해낼 확률이 높다. '고객만족'은 고객을 잘 관찰하고 고객의 문제를 하나씩 해결해나갈 때 얻어지는 부산물이다. 그렇기 때문에 기업이 추구하는 고객 중심 경영의 최종 목표를 '고객만족도 조사 1등'으로 선정하는 순간 길을 잃게 된다. 멋진 선언문이나 고객 중심 경영 캠페인에 아무리 정성을 들여도 조직원의 행동에 큰 영향을 주는 평가 지표에 고객 중심 경영과 관련된 내용이 적절히 반영되지 못할 때도 고객만족은 길을 잃게 된다.

고객만족은 다양한 설문과 통계적 수단으로 측정되고 분석할 수 있지만, 기업에게 상징적으로 가장 편리한 측정 방법은 '고객만족도 순위 평가'이다. 하지만 '상대적 1등' 관점의 고객만족도는 일부 서비스나 불만 항목에 집중하기 쉽고, 그야말로 점수를 위한 평가가 되기도 한다. 기업의 서비스를 놓고 고객만족도를 측정하는 것은 의미가 있지만 그것이 평가의 전부가 되어서는 안 된다는 것이다.

그렇다면 고객 중심 경영에서 추구해야 하는 고객만족의 방향은 무엇이고, 평가는 어떻게 이루어지는 것이 좋을까? 이것을 고민하기 전에 몇 가지 의문을 가져보자.

첫째, 고객만족 1등의 결과는 무엇인가?

둘째, 경쟁사 대비 1등을 하면 고객도 1등이라고 생각해주는가?
셋째, 경쟁사 대비 상대적 1등이 고객만족의 끝인가?

기업이 고객만족도를 높이려는 이유는 자사 서비스나 상품에 만족한 고객들은 충성도가 더 높아질 것이라는 전제 때문이다. 그렇다면 고객만족도가 높다는 것은 기업 매출이나 이익에 큰 영향을 미쳐야 한다. 하지만 고객만족 1등 회사가 그에 상응한 매출을 기록하는지는 명확하지 않다. 일부 자료에서는 고객만족도가 높은 기업은 매출도 높다고 말하고 있지만 그들의 매출 성장이 고객만족도 때문이라는 직접적인 연결 고리는 보이지 않는다. 고객만족도가 높은 기업이라 매출이 높다기보다는 매출이 높은 기업을 살펴보니 고객만족도도 높더라 하는 것이 더 솔직한 말일 것이다. 고객만족도는 높아도 경영 환경이 좋지 않으면 매출이 성장하지 않을 수 있고, 만족도는 낮아도 일부 상품이 히트치면 매출이 오를 수도 있다.

기업이 고객 중심 경영의 평가 지표로 활용하는 '고객만족도' 점수나 등수가 매출 또는 고객 충성도 지표와 연계되지 않는 상태에서 고객만족 향상에만 집중하게 되면 고객만족도는 높아져도 충성도는 개선되지 않는 '고객만족의 늪'에 빠지고 만다. 즉 고객만족 향상을 목적으로 무작정 투자를 해도 기업이 기대하는 만큼의 충성도나 매출 향상은 어려울 수 있다는 것이다. 필자는 고객만족 수준과 매출을 연계하여 분석, 관리하는 회사를 아직 듣지 못했다.

결론부터 말하면 고객만족 점수가 높다고 해서 고객충성도가 비례해서 상승하지는 않으며, 고객만족을 위한 투자비를 증가시킨다고 해서 고객만족도 상승을 보장하지도 않는다.

〈베인앤컴퍼니 리포트(Bain&Company Report)〉(Frederick, 1995)에서는 고객만족도 부분에 '천장효과'가 발생한 경우 추가 상승을 위한 노력은 오히려 비용 상승을 초래하여 기업의 실적에 악영향을 끼칠 가능성이 있다고 했다.

불만보다는 선호에 집중하자

조금 다른 이야기를 해보자. 오늘날 명품으로 불리는 제품들은 유럽에서 시작된 경우가 많다. 이들은 보통 왕족이나 귀족과 같은 상류층을 상대로 납품을 하면서 시작되었다는 특징이 있다. 귀족들은 물질적으로 풍족한 집단이라 그들을 위한 제품을 만드는 작업은 오로지 귀족들의 니즈와 요구 사항에만 집중하면 되었다. 최고의 재료와 기술로 최상의 품질을 가진 제품을 만들면 되는 것이다.

귀족들을 상대로 납품하던 최고 품질의 물품이 현대에 와서는 명품이 되었고, 이렇게 명품의 지위에 오른 기업들은 고가의 제품들임에도 지속적으로 성장하고 있다. 이것이 고객만족 중심 경영

스와치 그룹은 고객의 불만보다 긍정 포인트에 집중해 생산량 세계 1위 시계 기업이 되었다.

의 한 모델이라 할 수 있지만 지금과 같은 대중 소비 시대에 이런 모델을 그대로 적용할 수 있는 분야는 극히 제한적일 수밖에 없다.

그런 면에서 스위스의 스와치 그룹(Swatch Group Ltd.)은 좋은 사례가 될 수 있다.

스위스는 명품 시계의 고향이다. 파텍필립(Patek Philippe), 브라이틀링(Breitling), 롤렉스(Rolex), 피아제(Piaget) 등 최상위 품질을 가진 시계가 오랫동안 굳건하게 자신의 위치를 고수하고 있다. 하지만 명품 시계의 고향인 스위스도 1970년대 후반 일본의 세이코(Seiko), 시티즌(Citizen)의 저렴하고 정확한 전자시계에 밀려 고전을 했다. 이미 대중의 기호와 시장이 변화해서 가볍고 값싸며 질 좋은 시계를 선호하게 되었기 때문이다. 이에 스와치 그룹의 닉 하이예크(Nick Hayek) 회장은 저렴하고 정확하고 무게도 가벼운 패션 시계에 집중했고, 생산량 세계 1위의 시계 기업이 되었다. 정확하고 고급스러운 스위스 시계에 불만을 가지는 고객은 거의 없을 것이다. 그럼에도 스위스 시계 산업은 고비를 맞게 되었고 고객 불만 개선보다는 고객이 선호하는 긍정 포인트를 키워나가며 다시 선두를 차지할 수 있었다. 스위스 시계 산업은 고객 중심 경영과 고객만족이 무엇인지 생각해볼 수 있는 사례이다.

재무 중심 성과 지표에서 고객 중심 평가 지표로

경영에서는 "측정되지 않으면 관리할 수 없다"라는 말이 있다. 굳이 이 말이 아니어도 우리는 많은 현장에서 측정의 필요성을 피부로 느끼며, 적절한 측정 방법을 찾기 위해 노력한다. 영업에는 매출과 이익같이 투자 효과 산정이 용이한 지표들이 있는 반면에, 고객 관련 부서의 측정 지표 운영에는 어려움이 있다. 고객서비스 분야는 고객만족 관련 지표를 주로 활용하는 경우가 많아 설문조사를 통해 점수 및 경쟁 등수 형태로 이 지표를 측정하지만, 결과 값이 의미하는 바를 명확하게 분석하기는 매우 어렵다. 예컨대 고객이 어떤 서비스 분야에서 불만족을 표시했을 때 그 이유를 물어보아도, 제품 불량과 같이 명확한 사유가 아닐 경우에는 고객의 답변만으로 원인을 파악하기란 어렵다는 뜻이다.

심층 인터뷰를 통해 어느 정도 구체화는 가능하겠지만 일부 인원의 인터뷰 결과가 전체를 대변할 수 있는지도 생각해볼 일이다.

고객 평가 점수도 개인별 주관적 성격이 강해 절대적인 수준으로 받아들이기는 적절치 않다. 그렇다 보니 고객 현장에서 열심히 일한 직원들은 이 결과를 수용하려 하지 않는 경우도 다수 발생한다. 물론 대외 전문 기관에서 매년 같은 수준의 내용으로 측정한 결과라면 그 흐름의 일관성을 가지고 관리가 가능하지만, 이 역시 절대적이지는 않다. 고객서비스 분야의 대표적 측정 지표 성향이 이렇다 보니 주로 1등에 의미를 두고 홍보용으로 그치는 상황이 연출되기도 한다. 그나마 1등이라는 결과도 때로는 소수점 이하의 점수 차를 다투다 보니 환경이 바뀌면 언제든 결과가 뒤집힐 수 있다.

측정되는 지표는 조직원들의 평가에 반영되고 결국 보상과 연결되기 때문에 무엇에 집중하고 어떤 노력을 해야 하는지에 직접적으로 영향을 준다. 하지만 고객 중심 경영을 추구하는 기업조차도 조직원이 집중하는 평가 지표에 매출액, 시장 점유율, 생산성 개선과 같은 재무적 지표를 과다하게 적용하는 경우가 있다. "고객을 우선하라"는 외침이 무색할 정도로 내부적 평가와 시상은 많이 파는 직원, 생산 효율성을 높이는 항목에 집중되어 있으니 직원의 생각과 관심이 어디에 가 있을지는 명확하다. 평가는 보상과 처벌에 영향을 미치고 조직원의 사고와 행동에 길잡이 역할을 하기 때문이다.

기업이 가장 중점을 두어야 하는 지표는 당연히 재무적 성과 지표이고 이것이 매출과 이익으로 연결되지만, 재무 중심의 성과 지표가 너무 과다한 비중을 차지할 경우 고객 중심 경영과는 상충할 수밖에 없다. 매출과 이익은 항상 과거 대비의 성과 지표이기 때문에 조직원에게는 매년 더 신장된 목표가 주어지게 마련이고, 결과만을 보여줄 뿐 그 과정에서 어떤 상황이 벌어지는지는 보여주지 못하기 때문이다. 때로는 고객 희생을 감수하더라도 매출이나 이익을 지키는 방향으로 조직원들을 이끌 수도 있고, 써야 할 투자비를 아껴서 이익 목표를 달성할 수도 있다. 반품이 들어올 것을 알면서도 과대광고로 판매 실적을 높여놓으면 매출 실적은 달성된다. 하지만 그 여파는 일정 기간 뒤에 돌아온다. 앞으로 벌고 뒤로 까먹는 현상이 벌어지는 것이므로 절대 지양해야 하는 경우도 있다.

고객 중심 경영을 추진하기 위한 첫걸음은 평가 제도에 있다. 고객 경영 철학이 지표와 지수들로 표현되어 조직원 평가에 구조적으로 영향을 미칠 수 있어야 한다. 평가 지표가 100점으로 되어 있는데 고객 경영 관련 지표가 한 자리 숫자라면 다른 점수에 더 집중하게 되고, 반대로 고객 경영 관련 지표가 너무 크면 각 부서별 본연의 업무에 지장을 초래할 수 있다.

그래서 목표와 측정 방법을 정할 때, 측정 내용이 무엇을 의미하는지 잘 파악하여 구조화해야 한다. 필자는 오래전 IBM 컨설팅을 통해 인지한 KPI 설정 모델을 활용하여, 간단하지만 이런 상관관계를 파악하고 구조화해보기도 했다. 관심 있는 분들은 하버드 대학교 마이클 포터 교수의 활동 시스템 지도(Activity System Map)를 참고해보는 것도 좋을 것이다. 활동 시스템 지도는 기업이 추진하는 전략적 활동과 고객 대상 서비스 가치가 상호 연결되는지를 파악해줄 수 있는 도구이다. 기업이 고객에게 제공하고자 하는 가치를 정의하고 추진하는 과정이 어떤 실행으로 나타나고 영향을 주는지를 활동 시스템 지도로 파악할 수 있기 때문이다.

너무 많고 복잡한 평가 지표는 조직원들의 무사 안일한 사고와 행동을 유발하고, 너무 편중된 평가 지표는 조직원들의 포기를 만들어낸다. 경영진의 요구 사항을 평가에 모두 담다 보면 너무 많은 평가 항목이 생겨나고, 그에 결과 배점이 격차가 없어져 결국 업무의 중요도와 우선순위가 엉망이 되는 경우도 발생한다.

고객 중심 경영에서 사용하는 지표는 고객만족도 점수, 고객 유지율, 고객 불만 접수율, 고객 추천 지수, 브랜드 만족도 등이 대표적이지만 단독 지표로서 활용하면 고객 중심 경영을 대변할 수 없다고 생각한다. 매출과 이익, 고객만족도와 고객 유지율이 결과 지표로서 활용된다면 필자는 '재구매율'이 이들의 보완 지표로서 의미를 가질 수 있다고 본다. 고객이 만족하고 고객이 선호하는 서비스가 유지·강화된다면 당연히 재구매율이 영향을 받게 되고,

매출과 이익에 직접적으로 영향을 미칠 수 있기 때문이다.

마지막으로, 챙겨보아야 할 지표는 직원들의 고객 지향 업무 방식을 측정하는 고객 지향도(Customer Orientation Index)인데 이는 기업이 고객들에게 약속한 서비스 수준을 지키기 위해 내부적으로 활동하는 활동 품질을 측정하는 척도이다. 고객에게 약속한 서비스 수준과 고객이 기대하는 서비스 수준에는 분명한 차이가 존재한다. 그렇기 때문에 직원들의 고객 지향도에 따른 업무 활동 결과는 이 차이를 더 벌리기도 하고 줄이기도 한다. 이것이 곧 고객 지향 마인드이고 고객 중심 경영이라는 기업 철학과 연계된 평가 지표로 활용되어야 한다고 생각한다. 고객 중심 경영을 표방하는 기업이라면 고객만족도, 직원 고객 지향도, 직원 만족도, 상품(서비스) 품질 지표를 상호 구조화하여 조직의 평가에 활용할 수 있어야 한다.

각 지표의 운영과 설계는 구조적이어야 하지만 업무에 익숙해 있는 사람에게는 잘 보이지 않는 편이다. 필자도 항상 어려웠던 경험이기 때문에, 상황이 허락된다면 외부 전문가의 도움을 받는 것을 권하고 싶다.

내가 고객이라도 인정할 수 있는 고객서비스인가

콜센터는 내부 직원이 더 무섭다

필자가 오래전에 지인으로부터 들은 이야기이다. 어느 날 콜센터로 강성 불만 전화가 걸려와 한 상담 직원이 상담을 했다. 이 고객은 온라인몰에서 상품을 구매했는데 구매 과정에서 작은 오류가 있었다. 고객이 워낙 강하게 불만을 제기하는 터라 상담 직원은 쩔쩔매며 "죄송합니다"를 연발했지만 고객의 화는 풀리지 않았고, 결국 클레임 담당 팀으로 넘겨졌다. 상담을 위해 고객의 정보를 확인하던 담당 직원은 놀라움과 함께 한숨을 내쉬었다. 강성 고객이 바로 같은 회사, 그 온라인몰에서 일하는 전산 개발자였기 때문이다. 내부 직원도 고객으로 대해야 한다고는 하지만 같은 회사 직원이 강성 불만을 제기한다는 것에 동료 입장에서는 기운이 빠질 수밖에 없었다.

필자는 요식업에서 흔히 "내 자식에게 먹이는 마음으로" 라든가 "가족이 먹을 음식을 만드는 정성으로"라는 표현을 쓰듯 서비스 분야에서도 '내가 고객이라도 이용하고 싶은 고객서비스'를 만들어야 한다고 생각한다. 하지만 위 사례처럼 일할 때는 직원이고, 이용할 때는 '당연히 고객'일 뿐인 사고방식에는 안타까운 마음이 먼저 든다.

필자는 고객만족도 조사를 준비하던 중 '내가 고객이라도 이용하고 싶은 고객서비스'라는 생각을 담은 설문조사를 시도한 적이 있었다. 고객 대상 서비스 이용 프로세스를 구간별로 나누어 질문 항목을 구성하고, (서비스를 설계하고 제공하는) 내부 직원에게도 같은 내용과 구조로 설문조사를 실시했다. 그리고 컨설턴트가 직접 서비스를 이용한 뒤 객관적인 체험 만족도를 체크하여 고객과 직원의 답변 내용을 검증하도록 조사 방식을 짰다. 즉 고객, 직원 그리고 컨설턴트가 같은 내용으로 설문조사를 받고 실제 쇼핑을 한 뒤에 그 결과를 종합 점검해보는 방식이었다. 이때 고객 답변 내용과 서비스 담당 직원들의 답변이 같은 경우와 고객들이 표시한 답변과 내부 직원 답변이 다른 경우가 발생하면 이에 대한 원인을 분석하고, 컨설턴트를 통해 실제 구매 과정을 다각도로 경험하게 해서 실제 문제나 이슈들을 발췌했다.

예컨대 고객이 불만을 표시한 항목에서 같은 내용으로 내부 직원들도 답변한다면 실무자들은 이미 문제의 원인을 알고 있는 경우로, 의사 결정이나 실행 구조상 소통 문제로 추정할 수 있고 개선 방법을 찾기가 쉽다. 그러나 고객이 불만을 제기했음에도 직원들은 만족을 표시하여 다른 인식을 가진 결과가 나오면, 신속하게 고객과의 차이점이 무엇인지를 찾아내야 한다. 이 차이는 고객과 눈높이가 다르거나 책상머리 기획이었을 확률이 높기 때문에 서둘러 개선해야 한다. 실제로 위와 같은 구조의 설문조사를 실시했을 때 그 결과는 아주 흥미로웠다.

고객 불만, 조사하지 않아도 실무자는 알고 있다

먼저 고객이 경험하는 서비스 단계를 구분하고 그에 맞는 설문 내용을 구성했다. 같은 내용이지만 고객에게는 체험 관련 만족도를 질문하고, 서비스 프로세스를 담당하는 직원에게는 공급자 관점에서 만족도를 물어보았다.

거의 동시에 진행된 설문조사였는데 많은 구간에서 고객과 실무 직원의 만족도가 유사하게 일치했다. 고객만족도가 높은 구간은 직원 만족도도 높았고, 고객만족도가 낮은 구간은 직원 만족도도 낮게 나왔다. 대개 자기가 담당한 업무에 대해서는 후한 점수를 주기 마련인데, 본인들도 만족하지 못한다는 것은 고객서비스부서 입장에서는 큰 의미가 있었다. 한 가지 더 좋았던 점은 고객들의 만족과 불만족은 그 요인을 구체화하기 어려운 반면 내부 구조를 잘 알고 있는 직원들의 답변은 보다 구체적이어서 많은 도움이 되었다는 것이다.

고객 대상 서비스를 움직이는 실무자들은 이미 회사 서비스의 장단점을 인지하고 있다는 것인데, 왜 개선되지 않고 있는 것인지에 대한 의문이 생겼다. 또 많은 비용을 들여 고객만족도 조사를 해도 그 원인을 명확히 찾기 어려워 애쓰던 것들이 회사 내부 직원의 답변을 통해 구체화될 수 있는 가능성도 얻었다. 처음에는 이런 조사 방식에 미온적 태도를 보이던 컨설턴트들도 결과를 보고 나서는 매우 흥미롭다고 했다.

필자는 이 결과가 잘 활용된다면 각 서비스 구간의 담당자들 스스로가 고객서비스 개선에 충분한 인식과 열의를 가지고 접근할 수 있을 것이라 확신했다. 이미 문제를 인지하고 있고 스스로가 솔직한 모습으로 문제를 이야기할 수 있는 마인드라면 고객서비스에서 많은 성과를 나타낼 수 있으리라는 기대였다.

일반적으로 고객만족도 조사 결과가 나오면 고객서비스 조직은 바빠지기 시작한다. 수차례 회의를 거쳐 원인을 분석하고 개선 대책을 세운다. 그리고 각 부서의 최종 실무자들을 움직여 개선을 추진한다. 하지만 타 부서 실무자들과 공감대를 형성하고 추진력을 얻는 것은 상당히 어려웠다. 원인에 대한 업무상의 입장 차이가 분명했기 때문이다. 특히 공감대를 형성하는 데 애를 먹었다.

매년 겪던 어려움이 좀 더 수월하게 해결될 수 있는 데이터를 잡게 되자 2차 프로젝트가 벌써 머릿속에 그려졌다. 하지만 이런 기대는 몇 차례의 보고서 수정 과정에서 좌절되었다. 결과를 보고받던 상급자 중 한 사람의 우려가 앞을 막아선 것이다.

결국 고객만족도와 컨설턴트 조사를 중심으로 하되 직원 조사 결과는 부가적으로 정리되어 보고가 마무리되었다. 지금 생각해도 많이 아쉬운 상황이었다. 이런 일련의 과정을 겪으며 왜 고객과 직원이 함께 알고 있는 내용을 개선하는 일이 부진한가에 대한 답도 나왔다. 고객을 우선하는 경영 문화가 체질화되지 못했고, 권한을 가진 리더들은 성장을 우선하는 경영 문화에 익숙했기 때문이라 생각한다. 기업 경영의 의미는 '생존과 성장'이다. 하지만 고객서비스를 혁신하고 고객만족을 추구하는 근본적인 이유도 '생존과 성장'에 있음을 놓쳐서는 안 될 것이다.

고객만족을 후순위에 두고 매출을 늘리고 이익을 극대화하는 데만 직원들을 집중시키면 직원들이 먼저 반응을 하게 된다. 기업이 존재하는 이유와 고객만족을 높여야 하는 이유가 다르지 않다는 점을 잊지 말자.

자동화 서비스에
휴먼 터치를 더하라

챗봇이 도입되면 일자리가 줄어드나요?

2018년 7월, 경기도 판교 카카오뱅크에서는 '핀테크 생태계 활성화를 위한 현장 간담회'가 열렸다. 이 자리에 참석한 최종구 금융감독위원장은 상담 챗봇 도입 결과를 듣고 "챗봇이 일을 덜어주는 것은 좋지만 일자리를 줄게 하지 않느냐"며 챗봇 도입의 부작용에 대해 물었다고 한다. 이에 챗봇 서비스를 개발하는 기획기술팀장은 "상담 시간을 효율적으로 운용할 수 있다는 점을 봐달라"고 답했다고 한다.

금융감독위원장의 이 같은 질문에는 자동화의 확대가 인간 일자리를 대체한다는 인식이 깔려 있다. 대부분의 사람들도, 인공지능이 인간의 일자리를 대체하는 미래에 대해 우려 섞인 호기심을 가지고 있는 게 사실이다.

챗봇 개발 기술팀장이 답변한 운용 효율성을 살펴보자. 챗봇은 상담 전화가 집중되는 경우 우선적으로 고객 문의에 답한다. 만일 이 과정에서 고객이 답을 얻지 못하거나 질문이 복잡한 경우에는 2차로 상담 직원이 응대하여 상담 시간을 효율적으로 쓸 수 있다는 것이 기술팀장이 말한 시스템의 요지이다.

챗봇 이전에는 자동 응답 시스템(ARS)이 이 역할을 해왔고, 앱이 활성화되면서부터는 앱을 통해 고객이 스스로 문제를 해결하도록 했지만, 챗봇은 대화 방식을 통해 답을 찾아준다는 점에서 진보한 형태의 고객서비스라고 할 수 있다.

금융감독위원장은 "문제가 있다고 말한 것은 아니지만, 기술이 진보하면 이런 상황이 올 수도 있지 않느냐에 대한 의문"이라고 설명했다. 아마도 일자리가 줄고 경기가 개선되지 않는 현재의 경제 상황을 고려한 질문이었으리라 생각된다.

금융권과 유통 업체에 도입된 챗봇은 상품을 추천해주는 데 특화되어 있고, 챗봇이 상품을 추천하는 기본은 축적된 데이터로부터 나온다. 고객의 질문과 답변 데이터가 잘 연계되어 있다면 챗봇은 아주 유용한 시스템이 된다.

신세계몰의 경우 챗봇을 통해 업무 효율이 올랐다는 신문기사가 나기도 했다. 이 기사에 따르면 신세계몰은 1:1 소비자 상담 챗봇을 도입한 지 한 달여 만에 전화 문의 건수가 하루 평균 9.5퍼센트, 이메일 상담은 32.4퍼센트나 감소했다고 한다. 총 문의 건수를 알지 못하는 상황에서 감소된 퍼센트만으로 속단하기는 어렵지만, 같은 양의 고객 문의가 들어온다는 가정 아래 판단한다면 감소된 퍼센트만큼 상담 전화가 챗봇으로 이동한 것이라고 생각할 수 있다.

누구를 위한 무인주문기일까?

챗봇 도입에 적극적인 곳 중 하나가 온라인 유통 업계이다. 온라인 유통업의 상담 문의는 단순 반복 문의가 많은 비중을 차지하기 때문에 정형화된 답변이 가능한 챗봇을 적극 활용하려는 것이다. 롯데쇼핑은 지난해 12월 상품 추천 챗봇 '로사'를, 신세계백화점은 고객 구매 정보를 분석해 맞춤 쇼핑을 제공하는 챗봇 'S마인드'를, 신세계몰은 '1:1 소비자 상담' 챗봇을 도입했다. 11번가도 생필품과 식음료 상품에 최적화된 '마트챗봇'을 운영하고 있다. 이들 챗봇은 소비자의 구매 패턴, 행동, 선호 정보 등을 토대로 실제 가게 점원처럼 개인화된 추천 기능을 수행할 수 있다. 야간, 휴일 등 직원 근무 시간이 아니어서 상담이 불가능한 시간에도 챗봇은 상품에 대한 정보를 제공한다. 이 분야는 전통적으로 상담 직원의 영역이었다는 점에서 금융감독위원장의 걱정은 충분한 이유가 있어 보인다.

현실적인 서비스 직종의 일자리 감소를 놓고 보면 챗봇이나 인공지능보다는 무인 자동화 기기의 파급 효과가 더 크다고 할 수 있다. 당장의 챗봇이나 인공지능은 콜센터 중심의 온라인 서비스를 대체할 확률이 높지만 서비스 전체를 대체하려면 기술적 완성도가 필요해 보인다.

반면에 무인 자동화기기는 매장 서비스 직종의 감소에 직접적인 영향을 주고, 대화형 챗봇이나 인공지능과 연계될 경우에는 온라인 서비스에도 큰 영향을 줄 수 있다.

"연내 전 매장 무인주문기 도입"
최저임금 살길 찾는 프랜차이즈

최저임금이 2년에 걸쳐 27% 인상되면서 연내 전 매장에 '무인주문기(키오스크)'를 도입하겠다는 프랜차이즈 업체도 등장했다. 무인주문기를 사용할 경우 월 인건비를 90%가량 절감할 수 있기 때문이다.

프랜차이즈 업계에 따르면 '100% 직영제'로 운영되는 KFC는 올해 안에 전체 201개 매장에 키오스크를 설치하기로 했다. 현재 201개 가운데 절반가량에 무인주문기를 설치했다. 버거킹 역시 연내에 직영 매장을 대상으로 키오스크 도입을 완료한다는 계획이다. 버거킹은 현재 직영 매장 212곳을 운영하고 있다. 이 가운데 공항이나 쇼핑몰 등 특수 매장을 제외한 나머지 점포에 모두 도입을 완료한다는 계획이다.

한편 프랜차이즈 업계에서 가장 먼저 무인주문기 도입을 시작했던 롯데리아는 현재 전체 매장 1,350개 가운데 약 780개 매장에 도입해 도입률이 60%에 가깝다. 현재 롯데리아 매장 방문 고객 중 무인주문기를 활용한 주문율은 전국 매장 평균 약 70~80%에 달하며 전체 매출 구성비로는 약 40% 수준이다.

이런 가운데 다른 프랜차이즈도 속속 사람이 아닌 기계를 도입하고 있다. 분식 프랜차이즈 '얌샘김밥'은 김밥 마는 기계와 야채를 채 썰어주는 기계를 선보였고, 본죽은 '죽 젓는 기계'를 개발해 연내 일부 매장에 도입한다는 계획이다. 최근 무인주문기 도입을 시작한 본설 관계자는 "무인주문기 렌트비가 같은 양의 일을 하는 알바생에게 주는 인건비의 10퍼센트 수준에 불과해 인건비 절감 측면에서 효과적"이라고 말했다.

〈서울경제〉(2018. 8. 15.)

2018년 8월 〈서울경제〉에는 프랜차이즈 업계의 '무인주문기 도입'에 대한 기사가 실렸다.

사회적으로 최저임금 이슈가 부각되어 법이 개정되다 보니 기업이나 자영업을 운영하는 입장에서는 당연히 무인화에 관심을 가질 수밖에 없다.

챗봇을 포함한 인공지능이 보편화되면 인간의 일자리가 줄어드는 것 아니냐는 금융감독위원장의 우려가 아니어도 이미 사회적으로 서비스직 일자리는 줄어들고 있다.

필자가 보기에 이런 움직임들은 서비스 진화나 고객만족을 위한 것보다는 점점 고객의 셀프서비스 영역을 넓혀 기업 부담을 고객에게 전가하는 형태에 더 가깝다는 생각도 든다. 무인주문기를 도입해도 고객은 그 앞에 줄을 설 것이고 익숙해지기까지 몇 번의 실수와 실패를 감수해야 하겠지만, 고객에게 돌아오는 혜택은 보이지 않기 때문이다.

고객은 친절보다 문제 해결을 원한다

최근 온라인 서비스를 중심으로 앞다투어 도입하고 있는 챗봇이 제 기능을 발휘하려면 아직 시간이 필요해 보인다. 빠르게 해결될 것이라 기대는 하지만 고객과의 자연스러운 커뮤니케이션을 포함해서 요청 사항을 명확히 인지하고 정확한 답을 주는 것은 여전히 시원치 않다.

얼마 전 필자가 항공권 구입 후 문의 사항이 있어 모 쇼핑몰의 챗봇에 질문을 올렸다. 답변은 직원 근무 시간이 아니어서 대답해줄 수 없다는 것이었다. 답변은 받았지만 정작 '답'은 없는 셈이니 차라리 근무 시간 후라 상담이 불가능하다는 ARS 안내가 솔직하고 정감 있다는 생각이 들었다.

밖에서 보이는 부분만 포장해 새로운 서비스를 도입했다고 홍보하는 것은 무책임한 일이다. 고객에게는 24시간 서비스한다고 알려놓고는 정작 고객 문의에 답변 아닌 답변을 주는 시스템을 운영하고, 문제 해결 능력이 미흡한 시스템을 도입하면서 사람의 자리를 줄여가고 있는 것은 아닌지 살펴보아야 한다.

필자가 아는 A 기업의 고객서비스팀은 타 회사가 도입한 챗봇 사례를 들은 대표이사가 "우리는 왜 이런 걸 안 하느냐"는 질책 한 마디에 앞뒤 돌아보지도 않고 챗봇 도입을 추진했다고 한다. 충분한 검토가 부족했는지 결국 오픈 이후 활용도가 좋지 않았다고 한다. 한편으로는 자동화 시스템이 도입되었으니 콜센터 관련 비용을 줄이라는 경영 관련 부서의 요구를 받고 있다고 했다. 인건비 절감과 고객 편의를 둘 다 추구할 수 있는 무인 기기나 챗봇 도입은 하나의 대세가 되겠지만, 명분만 있고 해결력이 떨어지는 자동화는 현명한 방향이 아니다. 고객이 겪게 되는 다양한 문제는 자동화만으로 해결하기에는 아직 역부족이다.

인적자원은 효율화하되 고객의 문제 해결 능력을 기준으로 자동화와 인적 서비스의 적절한 조화가 필요하고 친절한 서비스 이상으로 중요한 것은 고객 문제를 해결하는 것임을 간과해서는 안 된다.

디지털 환경은 고객을 '강력한 플레이어'로 만들었고 서비스는 점점 더 자동화되어 우리 생활 속으로 스며들 것이다. 하지만 자동화가 증가하고 셀프서비스가 늘어가더라도 인간 고유의 감성은 변하지 않을 것이고, 디지털 환경 속에서 고객은 더욱 강력한 감성적 커뮤니티를 형성하게 될 것이기에, 이에 영향을 주는 고객서비스 체계를 구축하는 기업은 또 다른 블루오션을 발견하게 될 것이다.

7장

차세대 고객서비스로 고객의 경험을 디자인하라

고객 경험을 차별화하라

고객이 옆 가게로 쇼핑가는 이유

판매자는 고객 구매의 중요한 포인트로 품질이나 디자인과 같은 상품 자체의 요소를 생각하겠지만 필자는 고객의 구매 요소를 다른 관점에서 본다. 좀 더 정확히 말하면, '사람들은 그 상품을 왜 그곳에서 구매할까?'라는 관점이다. 세상에 하나밖에 없는 상품을 단 한 군데서만 살 수 있다면 고객은 당연히 그 한 곳을 찾아가야 한다. 하지만 지금처럼 같은 상품이라도 온·오프라인, 국내, 해외를 막론하고 다양한 구매처가 존재하는 시대에는 고객이 어떤 판매처를 찾아가는지가 궁금한 것이다. 필자가 고객서비스 관련 교육을 할 때 교육생에게 묻는 질문으로 예를 들어보자.

"여러분이 누군가에게 만년필을 선물하려고 합니다. 지금 구매

해야 한다고 가정할 때 여러분 머릿속에 가장 먼저 떠오르는 상점은 어디입니까?"

이런 질문을 던지면 대개 "롯데백화점에서요", "교보문고에서 삽니다", "11번가에서 주문해요" 등 다양한 판매처가 등장한다.

그러면 필자는 그중 몇 명에게 다시 물어본다.

"당신이 그곳을 찾는 이유는 무엇입니까?"

"만년필을 사려고요."

"그럼 그 만년필은 그곳에서만 파나요?"

"아니요."

"그럼 다시 물어보겠습니다. 왜 그곳을 가나요?"

질문이 여기에 이르면 교육생들은 잠시 생각에 잠겼다가 "가까워서요", "자주 가다 보니 편해서요", "마일리지가 있어서요" 등으로 다양한 이유를 찾아 내놓는다.

우리가 찾는 대부분의 상품은 어디서나 구매할 수 있다. 따라서 고객이 습관적으로 일정한 판매처를 찾는다면 그것은 분명 고객 경험상 뭔가 끌리는 이유가 있기 때문이다. 명확하게 콕 집어서 설명하기는 어렵지만 어렴풋이나마 자신에게 맞는 무언가가 있기 마련이다. 우리 스스로는 잘 깨닫지 못하지만 그곳에 있는 또 다른 요인이 우리를 끌어당기는 것이다. 그것은 우리가 목표로 했던 상품이 아닌, 그 장소에서 경험하는 제2, 제3의 무엇이다.

스타벅스는 판매하는 커피보다 공간이라는 경험을 제공함으로

써 고객의 발길을 끌어들였고, 홈플러스도 한국에 처음 문을 열 때 주차장 폭을 넓게 하여 주차에 익숙하지 않은 주부 고객들에게 큰 호응을 얻었다. 특히 홈플러스의 경우 시장 진입 당시에 이미 대형 할인 매장이 치열하게 경쟁을 벌이던 때였는데, 이들은 상품과 가격 말고 차별화할 수 있는 경쟁 포인트로 널찍한 주차 공간을 설계함으로써 고객 경험 만족을 이끌어냈다.

고객은 필요한 상품을 구매하지만 그 상점을 찾는 이유는 쇼핑 과정에서 얻는 경험 만족에 있다. 고객 경험 설계를 어떻게 하느냐에 따라 고객은 옆집으로 갈 수도 있고, 우리 집으로 올 수도 있다.

현장의 비전은 단순하고 간결해야 한다

기업이 성장가도를 달리기 시작하면 나타나는 현상이 있다. 거창한 비전과 목표를 설정하고, 이를 활자화해 사무실 벽에 걸어놓고, 사내 인터넷망에 올려 직원들에게 인지하도록 시키는 일이다. 회사는 목표와 비전을 설정한 뒤, 이것이 달성되면 직원도 함께 성장하는 것이라고 이야기하기 시작한다. 이런 형식의 비전 제시는 기업 조직에 매우 중요하다. 그리고 이를 전체 조직원이 인식해야 하는 것도 당연하다. 하지만 고객을 상대하는 현장 직원들에게 이것은 어떤 의미가 있을까?

필자는 고객 현장에 전달하는 비전일수록 단순하고 간결해야 한다고 생각한다. 그저 행동으로 옮길 수 있는 가이드와 권한이면 충분하다. 예컨대 콜센터 상담 직원 사무실에 '국내 1위 기업 달성'이라는 문구는 고객 응대에 하등 도움이 되지 않을뿐더러 매일매일 스트레스에 묻혀 사는 직원들에게는 공감대를 형성하기도 어려울 것이다. 현장 서비스 직원에게도 "서비스 1등 기업"과 같은 구호보다는 고객 응대 시 활용할 수 있는 권한과 가이드(규정이 아닌)를 주는 것이 더 현명한 운영 관리라고 말하고 싶다.

필자는 해외에서 오실 손님을 위해 5박 6일짜리 호텔방 두 개를 예약한 적이 있다. 그런데 일행 중 한 분이 개인 사정으로 숙박 장소를 이동하게 되었고, 필자가 방 하나를 취소해야 하는 상황이 발생했다. 예약은 호텔이 아닌 숙박 앱으로 했지만, 절차를 잘 모르기도 하거니와 급한 마음에 직접 호텔 프런트에 2박 3일 취소를 요청했다. 하지만 호텔 직원은 전산 조회를 해보더니, 앱을 통한 예약은 할인이 적용된 것이라 자기 권한으로는 취소가 어렵다며 상급자가 출근하는 내일 다시 오라고 했다.

다음 날, 필자는 전화로 해볼까 하다가 일이 복잡해질까 싶어 대면하기로 마음먹고, 상급자가 출근하는 시간에 맞춰 호텔로 찾아갔다. 상급자 역시 전문 숙박 앱으로 체결된 예약은 취소가 안 된다며 필자의 요청을 거절했지만, 한참을 옥신각신하다 결국 2일간의 숙박을 취소할 수 있었다(하루는 이미 지났기 때문에 취소가 불가능했다). 결국은 취소해주는 것이 당연한데도 호텔이 이런 권한조차 실무 담당 직원에게 주지 않아 필자는 금전적으로나 시간적으로나 심적으로도 손해를 볼 수밖에 없었고 그 호텔은 두 번 다시 이용하지 않고 있다. 지역에서는 이름난 그 호텔은 4성급이라는 타이틀을 가지고 있었지만, 문제를 해결하는 데 불충분하고 많은 어려움을 겪은 필자에게는 그 타이틀이 아무런 의미가 없었다.

고객의 불필요한 노력을 최소화하는 데 목숨을 걸어라

기업에서 고객서비스가 강해지려면 먼저 고객서비스 담당자들의 업무 관점과 태도를 바꾸어야 한다. 책상에 앉아 고객 정책을 만들고 현장 서비스를 관리 감독하는 데 집중하려는 생각과 태도를 버려야 한다. 이제는 현장 관리에 집중할 것이 아니라 고객 행동을 관찰하고 이해하는 데 모든 노력을 기울여야 한다. 회사가 제공하는 서비스나 구매 절차에서 고객의 불필요한 노력이 있는지 세심히 관찰하고 이를 회사와 직원, 시스템으로 대체하는 방법을 찾아야 한다. 여기에는 셀프서비스로 고객이 직접 수행해야 하는 일부 자동화도 포함된다.

안타깝지만, 기업이 제공하는 많은 서비스가 점점 더 고객의 노력과 수고를 요구하는 방향으로 가고 있다.

시스템 자동화, 전산화 명목으로 투입된 자금은 당분간 인건비 절감 효과로 기업의 이익에 기여하겠지만, 고객에게는 어떤 이익이 발생하는지 한번 생각해보자.

아마존에서 운영하는 무인 매장 아마존고는 필자가 주장하는 고객의 수고와 노력을 최소화하려는 방향성을 잘 보여주고 있다. 아마존고에서 상품을 구매하는 고객은 직원이 상주하는 상점에서 구매할 때와 다름없이 행동하지만 계산하는 절차가 제거되어 편의성이 높아졌다. 사람은 적절한 활동으로 원하는 목적을 달성할 때 안정감과 편안함을 느끼게 된다. 그렇기에 향후의 고객서비스는 '고객의 문제 해결'을 중심으로 고객의 '불필요한 노력'을 제거하는 데 집중해야 한다.

고객서비스에 강한 기업을 만드는 출발점은 어렵거나 복잡하지 않다고 생각한다. 그러나 기존의 기업 문화와 구조의 틀을 깨지 않고는 불가능한 것도 사실이다. 상품에만 집중하지 말고 고객 경험을 섬세하게 관리하고, 고객 현장에 충분한 권한을 주어 현장에서 많은 문제가 해결되도록 하는 것, 그리고 고객의 노력과 번거로움을 최소화하는 방법에 목숨을 걸면 된다. 일견 간단해 보이지만 실제 구현에는 복잡성과 많은 어려움이 존재하기 때문에 시행착오를 각오해야만 한다.

10인 10색, 고객의 특성에 맞는 서비스를 제공하라

경직된 고객 정책이 브랜드를 망친다

필자는 고객으로서 정말 듣고 싶지 않은 말이 있다. 바로 "고객님의 요청 사항은 저희 규정상 처리해드릴 수 없습니다" 또는 "제 권한으로는 도와드릴 방법이 없습니다"와 같은 말이다.

이 말은 기업이 일방적으로 정한 서비스 정책을 기준으로 고객의 인내를 요구하는 것이고 때로는 희생을 요구하는 말이 되기도 한다. 상품을 판매할 때 기업은 개인화를 제공하고 고객 특성을 반영하고 고객 성향을 맞추는 등 다양한 방법을 동원한다. 그러나 사후 서비스와 관련된 고객 정책을 세울 때는 획일화된 기준의 틀 안에 넣고 적용한다. 물건을 팔고 난 후에 벌어질 일에 대해서는 다양성을 고려하지 않는 것이다. 선량한 일반 고객들을 고려한다면 이 같은 획일성 제도에 '형평성'이라는 명분을 내세울 수 있을지도 모른다. 그러나 이제는 고객 요청과 보상도 세분화가 가능한 시대가 아닌가. 상품을 팔기 위해서 최신 정보 기술과 분석 방법을 동원해 고객 특성과 개인화를 꼼꼼히 따지는 기업이라면 고객 요청이나 불만 처리, 서비스 기준에서도 한 통에 넣고 처리하지 않아도 되는 역량을 충분히 갖출 수 있으리라 믿는다.

과거 필자가 교통사고를 당해 보험 치료를 받을 때의 일이다.

빨간불을 보지 못하고 달려오던 차가 그만 신호 대기 중이던 필자의 차를 뒤에서 들이받았다. 이 사고로 필자는 두통과 경추 디스크가 발생했는데, 꾸준히 물리치료를 받아 디스크는 호전되었지만 두통은 좀처럼 가라앉지 않았다. 주변의 권유로 한의원을 다니면서 진맥을 받고 침을 맞으며 한약 한 재를 처방받았다. 약을 먹고는 두통이 사라지는 듯했는데, 얼마 후 재발하는 통에 한의사와 다시 상담을 해야 했다. 한의사는 침을 계속 맞으며 한약을 한 재 더 먹어보길 권하면서 보험사에 확인을 받아오라고 했다.

필자는 보험 담당 직원에게 연락하여 한약 한 재를 더 처방받고 싶다고 요청했지만 돌아온 답변은 "저희 회사 규정상 한약은 한 재만 가능합니다"였다. 재차 보험 처리 담당자에게 몇 번 사정해 보았지만, 규정이라서 어쩔 수 없다는 말만 반복해서 들을 수 있을 뿐이었다. 두통으로 신경이 날카로워진 필자는 결국 폭발했고 "나는 두통이 심하고 의사는 약을 먹으라 한다. 나는 사고로 아픈 상황인데, 당신네(보험 회사) 규정으로 치료에 필요한 약을 못 먹는다는 건 이해가 되지 않는다. 보험사가 정한 규정대로 약을 먹어야 한다면 의사의 처방은 무슨 의미가 있는가?"라는 강한 항의에 보험사는 결국 한 재를 더 처방받도록 해주었다.

이로써 필자는 '강하게 항의하면 된다'는 이상한 경험을 하게 되었다. 당시 필자는 사고로 치료 중인 상황이라 억울하고 답답한 심경이었다. 한약 한 재 더 먹고자 이렇게 싸워야 하는 처지가 한심하기도 했다. 사실 한약 비용도 보상 총액 내에서 운영될 것이기에 한 재 더 처방받는다고 해서 보상 총액에 큰 영향을 미치지는 않았을 것이다. 필자를 그렇게 만든 보험사에 대한 이미지는 말할 것도 없고, 오히려 부상 초기 약이나 치료를 충분히 활용해 회복 시간을 단축해야 보상비를 줄일 수 있을 텐데 보험사로서는 손해 보는 일이 아닌가 싶은 생각도 들었다.

고객서비스를 담당하는 필자가 보험 회사 사고 처리 직원의 입장을 이해 못 하는 것은 아니었다. 오히려 현장에서 고객을 상대하는 직원은 대부분 똑같은 어려움을 가지고 있기에 공감의 마음이 더했다. 회사에서는 '규정'이라는 이름의 틀을 주고 고객을 응대하라고 하지만, 고객은 자신만의 상황과 입장을 이야기하며 예외 처리를 요청하니 참으로 난감할 수밖에 없을 것이다.

필자를 포함하여 많은 고객서비스 담당자들은 이렇게 항변할 수 있다.

"그 많은 고객을 하나하나 맞춰 어떻게 상대할 수 있으며, 그렇게 할 수 있다 해도 고객들에게 좋지 않은 학습 효과만 줄 뿐입니다."

하지만 치료비와 보상 금액의 총액 규모 내에서 고객이 선택할 수 있도록 했다면 고객별 만족도는 좀 더 좋아질 것이다. 설계하는 것이 어렵지 불가능하지는 않기 때문이다.

분명한 것은 문제를 가진 고객에게 적용되는 규정이 경직될수록 브랜드에 대한 실망은 커진다는 사실을 잊지 말아야 한다.

어려운 길을 선택한 기업이 성공했다

이쯤에서 한번 시야를 돌려보자. 많은 기업들이 벤치마킹했고 우수 서비스 사례라며 자기 기업의 서비스 문화로 이식하고 싶어 하는 자포스, 노드스트롬(Nordstrom) 백화점, 리츠칼튼(Ritz-Carlton) 호텔, 디즈니(Disney) 등은 바로 고객 요구를 획일적으로 판단하지 않고 고객 상황을 개별적으로 살피고 배려하여 성공한 기업들이다. 이들의 성공은 단순히 서비스 우수 사례에 그치지 않고 재무적 성과까지 이루어냈기에 분명 차원이 다른 성공이라 할 수 있다. 이들에게는 확고한 고객 중심 철학이 존재했고, 단순한 방법을 통해 이를 조직 문화로 승화시킨 공통점이 있다.

고객을 직접 대하는 직원일수록 현장에서 판단해야 하는 일이 많기 때문에 자율성을 부여하는 것은 매우 중요하다. 그나마 자율성을 부여하는 기업도 세부적으로는 많은 규칙과 실천 규범으로 그들의 서비스를 옭아매기도 한다. 이것이 방법을 찾아보려는 노력보다는 "제 권한으로는 도와드릴 수 없습니다"라는 말이 나오는 이유이고, 애초에 고객 중심 경영이 불가능한 이유이기도 하다.

그러나 기업이 직원들에게 전달되는 메시지가 무엇이고 어떻게 실천되는지 차분히 들여다보고 이를 근본부터 바꾸어나가도록 한다면 불가능한 일만은 아닐 것이다. 다만 이미 조직 문화가 깊숙이 자리 잡고 내부 규범까지 바꾸어야 하는 경우라면 재창업을 시도하는 편이 더 쉬운 방편이 되리라 생각한다. 고객서비스에서 남다른 기업들은 창업 초기부터 만들어온 조직 문화와 평가 기준이 달랐기에 경쟁자들이 중간에 따라오기 어려운 성공을 이루었다는 점을 명심해야 할 것이다.

기업 성공은 10인 10색을 다루는 데 있다

기업 경쟁력의 한 축을 담당하게 될 미래의 고객서비스는 영업 마케팅의 판매 전략처럼 고객 특성을 고려한 개인화 응대를 적극적으로 반영해야 한다. 상품 구매 시에만 고객 특성이 발현되는 것은 아니다. 필자가 고객 경험 속에서 알게 된 것 하나가 '고객은 처한 상황에 따라 1인 10색을 띠게 되고, 고객의 요청은 10인 10색을 나타낸다'는 것이다.

주문할 때 점잖은 고객이라도 본인의 요청이 받아들여지지 않으면 금세 거친 언행을 보이기도 하고, 회사의 입장을 잘 이해했다고 말하는 고객도 자기와 같은 경험을 가진 고객이 많다는 것을 알게 되는 순간 매우 강력한 불만 고객으로 바뀌기도 한다. 디지털 환경으로 연결된 고객을 기업이 일방적으로 정한 '규정'이라는 틀에서 10인 1색으로 대한다면, 이 기업에 호감을 느낄 고객은 거의 없을 것이다. 물론 대형 사건에서 같은 경험을 가진 고객들은 형평성 있는 기준 적용이 중요하지만, 일반적인 상황에서 고객은 한 명 한 명이 존중받고 있다는 느낌을 가지도록 서비스해야 한다. 10인 10색의 고객서비스는 정책이나 규정의 틀을 과감하게 버리고 현장 직원들에게 전달되는 메시지를 단순화하여 고객 철학을 공유하고 실천 가이드를 제시할 때 가능하다.

1인 10색, 10인 10색을 다룰 수 있는 고객서비스만이 기업의 차세대 경쟁력이 될 것이다.

비대면 서비스 시대, 서비스 디자인이 기업의 경쟁력이다

은행원 없는 미래의 은행

전통적으로 은행은 대표적인 대면 서비스 업무를 하는 곳이었다. 은행 창구에 가서 행원의 도움을 받아 입출금을 비롯한 각종 업무를 처리했고, 고객은 행원이 내주는 각종 서류에 사인만 하면 나머지는 직원이 알아서 처리해주었다. 하지만 자동 응답 시스템을 통한 자동이체가 활성화되고, 현금 자동 인출기(ATM), 인터넷, 모바일 앱이 확산되면서 많은 은행 업무를 고객이 직접 처리할 수 있게 되었다. 은행 직원을 대면해야 하는 일은 점점 줄어들었고, 지금은 최소한의 대면 업무조차 필요 없는 인터넷 은행까지 등장했다.

인터넷 은행인 '카카오뱅크'가 영업을 시작할 때, 필자도 계좌를 하나 개설했다. 솔직히 말하면 은행 계좌의 필요성보다는 호기심 때문이었다. 실물 통장 하나를 연결해놓고 카카오뱅크로 일정 금액을 이체한 후 여러 활동을 해보았는데 전혀 불편함 없이 거래가 가능했다.

심지어 일정 한도였지만 무대면 대출까지도 이루어지는 편리성이 있었다. 은행을 일상생활에서 떼어놓기는 어렵지만, 복잡한 은행 서류로 인해 머릿속에 각인되었던 '금융 업무는 전문 지식과 확인 절차가 필요한 일'이라는 선입견을 깨기에는 충분했다. 은행원이 없는 은행, 대면이 필요 없는 서비스는 이렇게 우리 생활로 천천히 스며들고 있다.

디지털 환경에서 바라보는 고객서비스의 역할과 미래

디지털 환경은 인간의 '수고'를 많이 덜어줄 수 있다. 이것은 필자도 동의하지만, 그럼에도 고객서비스에서만은 '고객이 신경 쓰고 행해야 할 일'이 오히려 늘어날 수 있다고 생각한다. 앞서 은행의 사례처럼 자동화나 전산화는 기업 내 인력을 감축시켜 장기적으로 비용 감소 효과를 주었지만, 그 일의 대부분은 자동화란 이름으로 고객에게 이전되었다. 은행 방문을 통한 서류 제출과 사람의 검토 절차가 필수였던 대출도 방문이나 직원 대면 없이 몇 가지 인증만으로 가능해졌다. 예전에는 은행원들만 보고 처리할 수 있던 전산 화면을 고객에게 오픈함으로써 고객은 은행에 가지 않고도 업무를 처리할 수 있는 편리함이 생겼지만, 대신 은행원이 하던 일을 고객이 직접 하고 있는 것이다. 이런 점에서 고객서비스는 매우 광범위하게 변화할 분야이다. 상품 탐색과 선택, 상담과 주문, 구매 이후 서비스 처리(배송, 문의, 불만 처리 등)뿐만 아니라 고객이 경험하는 환경 대부분이 무인 자동화로 진행될 것이기 때문이다.

지금까지 고객서비스 담당자의 주된 업무 영역은 고객 현장의 친절 대응과 불만 처리, 서비스 교육, 고객 정책 운영, 서비스센터 관리 정도에 한정되었다면, 현장 인력이 점점 감소되어가는 미래에는 어떤 역할을 해야 할까?

몇 년 전 옴니채널이 유행하기 시작하면서, 지금은 몇몇 대기업이 미래의 전략 방향으로 이 방식에 접근하고 있다. 옴니채널이란 온라인(인터넷, 모바일)과 오프라인 간 채널을 넘나들면서 상품을 구매하도록 하는 서비스이다. 예컨대 백화점에서는 눈으로만 구경하고 상품은 인터넷에서 구매하는 쇼루밍족처럼, 백화점을 이용하는 고객이 온라인 백화점몰을 이용할 때도 같은 매장을 이용하는 것처럼 느끼게 해주는 쇼핑 환경을 말한다. 최근에는 오프라인 매장에서 모바일 검색을 동시에 하면서 상품평과 가격을 조회한 뒤 매장 직원과 협상을 벌이는 '역쇼루밍족'도 있다고 하니 옴니채널 전략은 나름 의미가 있어 보인다. 이 옴니채널 서비스의 요체는 중단되지 않는 서비스 경험이다.

오프라인에서는 상품을 직접 보고 듣고 만져보는 오감 체험이 가능하고 온라인 전화 상담과 채팅은 쌍방향 커뮤니케이션이 가능하지만, 비대면 서비스 활성화는 활자와 사진, 동영상의 시청각이 이를 대체하게 된다. 구매 결정을 위한 정보 흐름이 사람 간 자연스러운 쌍방향 커뮤니케이션에서 프로그래밍된 제한적인 쌍방향 커뮤니케이션으로 바뀌기 때문에 충분히 배려된 설계가 부족하면 고객은 난감한 상황에 빠지게 된다.

예컨대 오프라인 매장에서 상품을 구경하고 집에 와서 인터넷 몰을 통해 상품 구입을 시도하다가 궁금한 게 생겼는데 문의할 방법이 눈에 바로 띄지 않거나 어렵게 찾아야 한다면 고객의 즐거운 구매 경험은 단절되는 것이다. '중단되지 않는 서비스 경험'이란 고객이 필요로 하는 사항은 무엇이든 가까운 곳에서 쉽게 접근할 수 있어야 한다는 뜻이다.

이것은 챗봇이든 사람과 하는 온라인 상담이든 웹상 정보든 상관없이 동일하게 적용된다. 고객의 입장에서는 최적 시간과 적절한 노력으로 원하는 것을 획득하는 것이 최선이기 때문이다. 지금의 고객서비스 담당자는 현장 직원의 친절 서비스 교육이나 접점의 운영 효율성을 높이는 것, 고객의 요청을 접수받아 처리하고 필요 시 고객에게 보상을 해주는 정도에 머물러 있는 경우가 많다 (소비자 단체, 대외 협력 업무는 회사에 따라 고객서비스 부서의 영역이 아닌 경우가 있어 제외한다).

하지만 인건비 절감이나 운영 효율 목적의 자동화는 점점 더 확대되고 인공지능이 대체할 서비스 영역이 현실화되면서 직원이 고객과 대면하는 영역은 감소될 수밖에 없다. 이제는 기존의 업무를 벗어나 또 다른 영역에 도전해야 한다. 고객서비스 담당자로서 고객서비스 전문가의 영역이 변화되고 있음을 감지하지 못하고 고객 현장 관리 영역에만 머무르는 담당자는 결국 도태될 것이다. 업종별로 차이는 있겠지만, 온라인 중심의 기업은 전산 개발 직무에서 고객 인터페이스나 고객 경험 관리를 담당하고 있고, 제한적이지만 해당 분야의 불만은 직접 접수받아 처리하기도 한다.

필자는 고객서비스 전문가로 성장하려는 사람들에게 "고객서비스 영역을 벗어난 고객서비스 전문가가 되라"고 조언한다. 현장의 고객서비스를 잘 아는 고객서비스 담당자라면 이를 전산 로직에 어떻게 적용할 수 있을지 연구해야 하고, 고객 불만 처리의 경험이 많은 고객서비스 담당자라면 고객이 경험하는 온라인 환경에 적용해서 불만 발생을 예방해야 한다.

전산 전문가들이 접근하기 어려운 고객서비스 담당자만의 장점은 충분하다. 고객이 좀 더 편리하게 인터넷이나 모바일 환경에 접근하는 것도 중요하지만 단절되지 않는 고객 경험 설계 업무는 점점 중요한 직무로 발전할 것이다.

고객 경험 설계와 관리는 고객의 속성을 잘 알고 있어야 하고,

고객이 쇼핑 또는 탐색 과정의 결과가 어떤 과정을 거치며 불만과 만족이라는 결과로 나타나는지를 잘 알고 있어야 하기 때문이다.

고객서비스는 기업의 미래 경쟁력이다

세상의 변화는 서서히 진행되지만 문뜩 바뀌었다고 느껴질 때는 이미 뒤처지기 시작하는 순간이다. 필자는 이 책을 통해 고객서비스를 바라보는 경영진의 관점이 바뀌길 바라고 고객서비스 담당자의 환골탈태를 말하고 싶었다. 필자가 경험해온 기업 환경에서 경영진은 매년 매년이 위기와 변혁의 연속이라고 했다. 그러나 그런 위기와 변혁은 아날로그 환경 기반이었고, 적어도 아날로그와 디지털의 복합 환경이었기에 우리가 적응할 만큼의 속도로 다가왔다.

그러나 디지털 비중이 점점 커져가는 미래 환경은 그 변화 속도가 너무도 빠르기에 두려움마저 생긴다. 다시 말하면 고객의 생활 환경 변화는 가속도가 붙어가는데, 서비스 영역의 변화는 적응할 시간이 많이 부족하고, 무엇보다 지금의 사고방식과 활동 범위 안에서는 유연한 대응이 어려울 것이기 때문이다. 고객과 고객, 고객과 기업이 '1 대 다수'로 연결되는 세상에서는 상품이나 마케팅, 영업력보다 고객 경험을 어떻게 관리하고 얼마나 가치 있는 서비스를 제공할 수 있느냐 하는 역량이 기업 경쟁력의 축을 이룰 것이다. 고객서비스를 담당하는 사람들이라면 그 변화가 멀지 않았음을 자각하고, 환골탈태의 노력을 경주해야 한다. 그리고 고객전문가라는 큰 자부심을 가지고 기업과 고객이 가까워지게 하는 가교 역할을 해야 한다.

성장하는 기업은 포인트가 다르다

짧지 않은 시간 동안 경험한 고객 업무를 뒤돌아보며 스스로의 생각을 정리해보자는 소박한 마음으로 첫 문장을 써 내려갔다. 그렇게 시작한 집필은 오히려 숲속에 있을 때 보지 못했던 많은 것을 볼 수 있게 해주었고, 고객을 위하는 마음과 노력은 같았지만 상품과 서비스, 기업의 방향과 고객이 바라는 바가 제각각 움직여 왔음을 알게 하는 계기가 되었다.

이미 시장은 명품 브랜드나 혁신적 특화 상품이 아닌 이상 상품만으로 차별화를 이루기 어렵게 되었다. 인터넷은 고객에게 전 세계를 구매 상점으로 만들어주었고, 고객 각자의 손에는 움직이는 상점을 하나씩 쥐어주었다. 판매자들은 그들대로 진입 장벽이 더욱 낮아져, 비즈니스 모델만 있으면 누구나 전 세계를 대상으로 마케팅을 펼칠 수 있게 되었다. 그만큼 기업은 더욱 치열해진 경쟁 상황을 경험하고 있다.

이 책을 쓰면서 '고객서비스는 우리를 한 번 찾은 고객이 두 번 세 번 찾을 수 있도록 하는 리텐션(Retention)을 목표로 고객 경험을 설계하고 구축하며 발전해나가야 한다'는 필자의 생각은 더욱 견고해졌다. 남들과 다른 차별화 그 이상의 유니크한 고객 경험을 제공하는 기업이 미래 자동화와 인공지능 그리고 인적 서비스가 어우러지는 전쟁터에서 더 많은 고객의 선택을 받게 될 것이기 때문이다.

책을 마무리하면서 노트북에 마지막 페이지를 열고 '고객서비스'라는 단어를 쳐보았다. 책을 쓰기로 마음먹고 자료를 준비하고 정리하면서 지금껏 경험하고 고민했던 일들과 사건 사고들이 스쳐 지나갔다. 누군가를 향한 외침이 어떻게 다가가게 될지 살짝 두려운 마음도 들었다. 과연 실무자로서 생활해온 필자의 경험과 주장인 이 책을 읽게 될 독자들에게는 어떤 느낌을 전달하게 될까?

강산이 바뀐다는 시간을 넘어 고객서비스 직무에 몸담았음에도 생각보다 훨씬 작은 사고에 묻혀 있었다는 생각이 든다. 그만큼 고정관념도 단단했기에 지금까지 우리가 알고 강조해온 고객서비스(Customer Service)가 고객만족(Customer Satisfaction)이라는 일부에만 집착해오지 않았나 하는 반성을 해본다.

'CS'는 Customer Strategy, Customer Satisfaction, Customer Selection, Customer Support, Customer Sustaining, Cost Saving, Customer Sharing 등 무수히 많은 의미를 담고 있었고, 무엇을 바라보느냐에 따라 변화해갈 수 있는 영역도 광범위하다는 것을 알고 있다. 이 책에서는 독자의 이해를 위해 '고객서비스'로 통칭했다. 모쪼록 '고객서비스'가 달을 가리키는 손끝을 보는 우를 범하지 않기를 바라는 마음이다.

많은 고객서비스 전문가들의 훌륭한 저서들 가운데 본 저서가 현장에서 고군분투하고 있는 선배, 동료, 후배 그리고 고객서비스를 추진하는 경영진에게 조금이나마 도움이 되길 바란다.

필자는 언제나 그들과 함께할 것이다.

북큐레이션 • 4차 산업혁명 시대를 대비하는 이들을 위한 라온북의 책

기존의 공식이 통하지 않는 급변의 시대, 남보다 한 발 앞서 미래를 준비하는 사람이 주인공이 됩니다.

4차 산업혁명 시대의 새로운 일자리

디지털 노마드

권광현, 박영훈 지음 | 15,000원

사무실과 직장 없이도 원하는 곳에서 원하는 만큼 일하며 디지털 노마드족으로 사는 법!

'디지털 노마드(Digital Nomad)'란 인터넷, 네트워크 기술의 발달로 탄생한 종족으로 태플릿 PC, 노트북 등의 IT 기기를 갖추고 전 세계를 여행하면서 일하는 사람들이다. 이들은 디지털 기기를 사용할 수 있는 곳이라면 어디서든 일할 수 있다.

월 수익 1,000만 원 이상을 버는 저자들은 '디지털 노마드'가 무엇인지와 어떻게 디지털 노마드로 살 수 있는지 방법을 이 책에 담았다. 어떤 플랫폼을 활용하여, 어떻게 시작하고, 온라인 세계에 돈을 벌 수 있는 판을 깔고, 자동으로 수익을 일으킬 수 있는지 구체적인 매뉴얼까지 알려주어 그대로 따라하면 성과를 낼 수 있다.

트렌드를 읽는 마케터의 필독서

SNS 마케팅 시리즈

임헌수, 최재혁 지음 | 각 권 16,000원

카카오스토리, 인스타그램, 네이버, 구글, 유튜브 지금 가장 뜨거운 눈 채널 마케팅의 모든 것!

온라인 마케팅은 날로 발전하는 기술의 변화와 시시각각 변화하는 소비자들의 입맛을 잡기 위해 더욱 치열하게 전개될 것이다. 이 경쟁 속에서 살아남기 위해서는 나의 일방적인 메시지를 전달하는 것이 아니라, 디지털 시대에 걸 맞는 채널로 재가공하여 발신해야 한다. 이야기를 듣고 싶어 할까? 이 시리즈는 모든 온라인 마케터와 사장들의 질문에 답한다. 전문가가 다년간 축적한 온라인 마케팅 핵심 개념을 초보자의 눈높이에 맞게 설명하고 있으며, 특히 홍보에만 주력할 수 없는 대다수 기업의 현실을 적극 반영하여 최대한 간편하고 쉽게 따라 할 수 있는 방법을 함께 소개하고 있어 매우 실용적이다.